企→业→日→常→管↓理←系←列←丛←书

绩效管理

常见问题清单

朱慧俐
编著

地震出版社
Seismological Press

图书在版编目（CIP）数据

绩效管理常见问题清单 / 朱慧俐编著 . -- 北京 : 地震出版社 , 2021.10
（企业日常管理系列丛书 / 陈明星主编）
ISBN 978-7-5028-5224-5

Ⅰ . ①绩… Ⅱ . ①朱… Ⅲ . ①企业绩效—企业管理 Ⅳ . ① F272.5

中国版本图书馆 CIP 数据核字 (2021) 第 095742 号

地震版 XM4546/F（6096）

绩效管理常见问题清单

朱慧俐 编著
特约编辑：段会敏 陈荣赋
责任编辑：王亚明
责任校对：凌 樱

出版发行：地震出版社
北京市海淀区民族大学南路 9 号　　邮编：100081
发行部：68423031　68467991　　传真：68467991
总编室：68462709　68423029
证券图书事业部：68426052
http：//seismologicalpress. com
E-mail：zqbj68426052@ 163. com
经销：全国各地新华书店
印刷：北京柯蓝博泰印务有限公司

版（印）次：2021 年 10 月第 1 版　2021 年 10 月第 1 次印刷
开本：710 × 960　1/16
字数：246 千字
印张：14
书号：ISBN 978-7-5028-5224-5
定价：48.00 元

前　言

PREFACE

常言道："不想当将军的士兵不是好士兵！"每个人都应该有自己的职业追求，将自己锻炼成为一名出色的职场精英。有了目标，工作起来才有劲头，才会让自己获得长足的发展。

工作就是在解决问题，解决问题的水平体现了一个人工作能力的高与低。如何在日常工作中，通过解决每个实际问题而不断提升自己的工作能力，是每个人晋升和自身发展亟待解决的问题！为此，我们特别编写了"企业日常管理系列丛书"。

该丛书包括：《财务工作常见问题清单》《采购管理常见问题清单》《仓储管理常见问题清单》《新产品运营管理常见问题清单》《供应链管理常见问题清单》《行政工作常见问题清单》《绩效管理常见问题清单》《客户服务常见问题清单》《企业资本运营常见问题清单》《人力资源工作常见问题清单》《商品配送管理常见问题清单》《生产管理常见问题清单》《物流服务常见问题清单》《销售团队管理常见问题清单》《促销管理常见问题清单》《项目运营常见问题清单》《国际贸易管理常见问题清单》《大客户销售常见问题清单》共18本，对日常工作常见问题和容易忽略的细节问题进行了梳理，并在整体上架构了不同职位人士的日常工作模型，让每一项工作一目了然，细节无遗漏，工作不失误。读者可以根据自己所需即查即用，轻松解决工作问题。

本丛书有如下特点。

第一，能帮助读者重新梳理自己的工作问题，让工作脉络更加清晰。

第二，能帮助读者加深对每项工作的理解，书中既有针对工作问题的规范性操作，也有经验性的总结，两者的完美结合会对工作问题的解决起到事半功倍的作用。

第三，每项工作都设有工作场景描述，读者可以根据工作需要，即查即用，避免了在漫天的文字中间寻找答案，非常实用、方便。

第四，能帮助读者养成总结工作经验的习惯。

第五，引导读者形成“问题导向”的工作意识，从此进入自我提升的快车道。

本丛书认真选取了当下企业中的热点职位及重点部门，从日常工作的实际问题出发，针对每个工作问题进行了思路拓展性解读与分析，给出了经验性的总结阐述，可改善从业者的当前工作局面，为从业者搭建起提升工作能力的可靠阶梯，也为相关专业工作人员全面提升业务水平提供了可借鉴的方法。

绩效管理是现代企业管理者必备的管理工具。无论是跨国公司还是几个人组成的小团队，都需要用绩效管理来划定标准与目标，协调各个部门各个成员的工作关系，并以此将全员组织起来，形成一个以发展目标为导向的行为准则。在日常工作中，一个良好的绩效管理体系是不断修正优化的过程，它需要企业在组织机构设置、员工绩效目标设定、绩效测评等各个方面给予支持与配合。

本书倡导“绩效管理工作清单式管理”，以“绩效管理工作常见问题”为主题展开，全面梳理绩效管理工作常见问题，嵌入“问题导向”的思维意识，重新定义每一项绩效管理工作，并通过操作规范指导与工作经验提示相结合的阐述方式，悉数绩效管理工作的每个关键点。

这是一本揭开绩效管理工作“问题导向”思维方法的书。读者朋友可以对照绩效管理工作常见问题，即查即用。

本丛书在编写过程中，得到了相关从业者及工作伙伴的大力支持和配合，在此一并表示感谢！

目　录

CONTENTS

第3章 绩效辅导常见问题

第4章 绩效考核实施常见问题

第5章 绩效沟通常见问题

第6章 绩效反馈常见问题

第7章 团队绩效考核常见问题

第 8 章 绩效考核结果应用常见问题

第1章

绩效管理准备阶段常见问题

绩效管理是对员工行为和产出的管理，它是一个由绩效计划制订、绩效辅导与实施、绩效考核、绩效沟通、绩效反馈、绩效考核结果应用等环节构成的循环往复的过程。管理者和员工之间需要在对员工绩效的期望问题上达成共识。在达成共识的基础上，员工对自己的工作目标作出承诺，管理者和员工共同投入和参与，这是顺利开展绩效管理的基础。

1.1　如何理解绩效管理

工作场景描述

当管理者想正确界定绩效管理的研究范畴时，可查看。

解读与分析

绩效管理能将企业的战略目标分解到各个业务单元，进而分解到每个员工，从而对每个员工的绩效进行管理、改进和提高，这样也就提高了企业的整体绩效。绩效管理在整个人力资源管理系统中占据着核心地位。因此，对绩效管理的探索，有必要从绩效的定义开始。

1.绩效含义探源

绩效是什么？从管理学角度看，绩效是组织期望的结果，是组织为实现其目标而展现在不同层面上的有效输出。

绩效是什么？从经济学角度看，绩效与薪酬体现了员工和组织之间的对等承诺关系，绩效是员工对组织的承诺。

绩效是什么？从社会学角度看，绩效意味着每个社会成员按照社会分工所确定的角色承担的那一份职责。

古语道："川积细流，海纳百川。"这正为我们揭示了绩效的内涵。组织绩效来源于各团队绩效的整合，而团队绩效来源于每个员工所创造的绩效。追本溯源，组织中每个层次的绩效均来源于员工绩效。万丈高台起于垒土，员工绩效就是企业和组织绩效的根基。同时，员工个人的表现又不能脱离组织和团队的导航，否则将无绩效可谈。

那么，绩效管理是什么？

揭开了绩效的面纱，接下来就要解读何为绩效管理。简单地说，绩效管理就是企业对员工行为和产出的管理。其核心思想是以人为本，即让员工充分参与绩效考核的过程，在完成组织目标的基础上，重视员工的发展，制订员工的职业生涯计划，以实现员工的个人价值。

绩效管理在绩效计划制订、绩效考核、激励等过程中均依照“以人为本”这一核心思想，因而绩效管理比单纯的绩效考核更注重企业、组织和员工未来的发展，比目标管理等涵盖的内容更丰富。

2.绩效管理是企业战略落实的载体

绩效管理就像一根线，将每个职位像珍珠一样串在一起，将战略任务分解并赋予每个职位。绩效管理通过为每个员工制定有效的绩效目标，可以将企业战略、组织与人合为一体。绩效目标的制定应当是自上而下的，即使企业的战略通过绩效目标的制定层层下传。

3.绩效管理是构建并强化企业文化的工具

现在很多企业都在提企业文化，但对企业文化的认识并不是很深入，还只是停留在几句象征性的宣传口号上。其实企业文化的核心是一个企业的价值准则。那么绩效管理在企业价值观的传递过程中究竟发挥了什么作用呢？通常认为，其具有构建和强化的作用。

（1）构建作用。企业在自身持续发展的过程中，要不断提出新的价值观以更新自身的企业文化。而那些新的价值观通常是员工不熟悉的，甚至可能是员工所抵触的。因而，新价值观的构建就要通过在绩效指标中设计符合新价值观的内容来实现。

（2）强化作用。如果一个企业强调团队合作，那么在设计绩效考核指标时，就要考虑到各岗位间的合作指标以及部门总体绩效对员工个人绩效的影响；如果企业看中员工能力的提高，那么在设计绩效考核指标时，不仅要关注员工的工作结果，更要关注员工的行为过程和工作表现。

4.绩效管理是提升企业管理水平的有效手段

绩效管理是基础薄弱的企业改进管理水平的有效手段。其特殊功效如下。

（1）能提高企业经营计划的有效性。有些企业要么没有经营计划，要么经营计划过于死板，导致经营计划在执行过程中的有效性很差，从而致使整个企业的经营处于不可控制的状态。绩效管理在一定程度上恰好可以弥补这一缺陷。由于绩效管理具有制度性要求，企业管理者必须认真分析制定工作目标的有效性，并对目标的达成结果进行评估，进而修正经营计划。

（2）能提高管理者的管理水平。有一些管理者缺乏管理知识和技能，不懂得如何有效地整合企业内的资源，不懂如何管人。而绩效管理则要求管理者完成制订工作计划、评价员工的工作表现、帮助员工提高绩效等一系列工作，能提高管理者的管理水平。当然，要提高管理者的管理水平，前提是要设计出一套制度化的方法来规范每一位管理者的行为。

（3）易于暴露企业存在的问题。一个看似风平浪静的企业，在进行绩效考核时，可能会使一些一直潜藏在企业内部的问题暴露出来，如考核数据的准确性、管理者的管理水平、考核目标的有效性等。这些问题如果越堆越多，企业就会像“温水煮青蛙”一样于不知不觉中“死去”。

由此可见，绩效管理不仅是人力资源管理工作的重要组成部分，更是企业强有力的管理手段之一。绩效管理就是要通过考核提高个体的工作效率，最终实现企业的目标。

关键点提示

正确界定绩效管理的含义需从以下几个方面入手：

1.绩效含义探源；2.绩效管理是企业战略落实的载体；3.绩效管理是构建和强化企业文化的工具；4.绩效管理是提升企业管理水平的有效手段。

1.2　如何区分绩效管理与绩效考核

工作场景描述

当管理者要准确区分绩效管理和绩效考核时，可查看。

解读与分析

很多企业虽然讲的是“绩效管理”，但实际操作的却是“绩效考核”。对这两个概念的混淆，已经成为很多企业管理者进行绩效管理的一大误区。要想使绩效管理成功开展，就必须正本清源，纠正错误的认识。管理者在进行绩效管理、实施绩效考核时，需明确以下内容。

1.绩效管理的含义和内容

有效的绩效管理从建立以人为本的企业文化开始，结合员工个人的发展计划及企业的总体战略目标，确定个人的工作计划和目标。

（1）绩效管理是管理者与员工就如何确定工作目标和如何达成工作目标进行协调并达成共识的过程。在此过程中，管理者和员工必须厘清以下内容。

①希望员工完成的工作目标。

②员工的工作表现对实现企业目标的影响。

③衡量员工工作绩效的标准。

④员工和管理者共同提高员工业绩的方法。

⑤绩效管理中会遇到的障碍以及排除办法。

（2）绩效管理的程序主要包括计划、辅导、考核、反馈。这四个步骤往复循环，最终实现组织和员工的绩效改进。

①绩效管理首先应当是管理。绩效管理同样是管理者日常管理工作的一部分，它没有什么特殊性，更不只是人力资源部的专利。

②绩效管理是一个持续沟通的过程。绩效管理是通过管理者和员工之间持续不断的沟通，并最终达成协议来完成的。

③绩效管理不仅注重工作结果，更重视达成工作目标的过程。结果固然重要，在绩效管理循环过程中的计划、辅导、考核和反馈也是必须强调的。

2.对绩效管理的认识误区

首先，我们应当纠正在绩效管理上较为普遍的错误认识。

绩效管理的误区如下。

（1）简单的任务管理。

（2）绩效考核。

（3）一组评价表。

（4）专为寻找员工的错处，对员工严加控制，重控制、轻管理。

（5）只是人力资源部的工作。

（6）作为强迫员工更好或更努力工作的工具。

（7）一年只需做一次的填表工作。

（8）只在绩效不尽如人意时使用。

（9）只在员工加薪、晋级时使用，重短期、轻长期。

（10）对事不对人。

（11）制订计划、确定标准，重计划、轻执行。

（12）绩效一定要与绩效工资挂钩，重结果、轻过程。

（13）是针对管理者进行的绩效考核，重高层、轻低层。

（14）是管理者的事，重管理、轻参与。

3.绩效考核的含义和内容

绩效考核是指考核主体对照工作目标和绩效标准，采用科学的考核方法，评定员工的工作任务完成情况、员工的工作职责履行程度和员工的发展情况，并将评定结果反馈给员工的过程。绩效考核是绩效管理不可或缺的一部分，但不是其全部。绩效考核只是绩效管理诸多环节中的一个。

（1）绩效考核最终是要考核员工到底为企业做了什么，被称为“结果取向的评估”。它不仅要对企业整体的战略目标进行检验，还要对战略目标的实现结果进行评估。

（2）绩效考核要在与员工个人的工作目标结合的基础上，考核企业的整体绩效。

（3）绩效考核有利于员工发现自己的不足，并在管理者的指导下改进自身的工作绩效。

（4）绩效考核应是经常性、制度性的。

（5）绩效考核的结果可以作为员工激励和评估企业发展状况的依据。

4.绩效管理与绩效考核的区别

通过上面的论述，我们可以看出绩效考核只是绩效管理的一个环节，是进行绩效管理的一种手段。绩效考核实质上反映的是员工过去的绩效，而不是员工未来的绩效。而绩效管理更注重的是对员工未来绩效的提升，着眼于企业未来的发展战略。绩效管理与传统意义上的绩效考核的主要区别如下表所示。

绩效管理与绩效考核的区别

绩效管理	绩效考核
管理程序	人力资源管理程序
计划式	判断式
一个完整的管理过程	管理过程中的局部环节和手段
解决问题	事后算账
注重结果和过程	注重结果
侧重于信息沟通与绩效提高	侧重于判断的评估
双赢	成或败
伴随管理活动的全过程	只出现在特定的时期
事先的沟通与承诺	事后的评估
关注未来的绩效	关注过去的绩效

绩效考核仅是进行绩效管理的一种手段，它不包括绩效管理前端的贯彻理论，也不包括绩效管理后端的发展战略。需要注意的是：过于漠视前端，会使员工的工作积极性难以发挥，对考核标准的认同度不高，引发员工的抵触情绪；过于漠视后端，考核可能会形同虚设，费力不讨好。

关键点提示

正确区分绩效管理与绩效考核时需明确下列内容：

1.绩效管理的含义和内容；2.对绩效管理的认识误区；3.绩效考核的含义和内容；4.绩效管理与绩效考核的区别。

1.3 如何明确绩效管理的受益者

工作场景描述

当管理者想明确不同层次、不同职位的员工从绩效管理中得到的收益是什么时，可查看。

解读与分析

一个企业实施绩效管理最基本的动力就是提高企业的整体业绩，因而组织者显然是最直接的受益者。同时，绩效管理是对传统的绩效考核的创新，可以达到企业和个人的双赢。

1.企业——绩效管理的受益者

（1）指明企业的发展方向。“龟兔赛跑”的故事大家都知道，最后是乌龟赢了，为此兔子一直为自己的轻敌思想而后悔。兔子决定证明自己的实力，在若干年后，它与乌龟约在同一地点、同一时间，再进行一场全新的比赛。比赛前，兔子深刻总结了上次失败的经验教训，一改以往轻狂的态度，决心在比赛中竭尽全力，一定要发挥出最大的潜能，跑出最好的成绩。它要向所有动物证明：兔子绝对比乌龟跑得快！

比赛枪声一响，兔子就像箭一样蹿了出去。大家猜猜这次的结果如何？

结果，还是乌龟赢了！

为什么？

因为兔子跑错方向了！

兔子的行为似乎令人哭笑不得，但仔细回味一下，这种情况在如今的企业中也不算少数。

企业的发展战略往往是经过高层领导精心策划而制定的，制定战略就是为了实施，再好的战略如果不能实施，也就成了空想。企业为适应市场环境的发展以及社会需求的变化，会在一定程度上对自身的发展战略进行调整。此时，企业的发展方向可能会发生改变。如果管理者不能及时地引导员工朝着新的方向努力，那么，即使企业已经拥有高素质的员工，并且员工都在努力地工作，企业的生产经营仍有可能像寓言里的兔子跑步那样，费力不讨好，最终以失败收场。

绩效管理的作用之一就是，为员工指明努力的方向，使员工一开始就明确自己的目标是什么、方向在哪里，它能使员工清楚地知道自己在企业发展战略实施过程中所扮演的角色。如果员工能将自己分内的工作按时、按质、按量地完成，那么企业发展战略目标的实现自然不在话下。

（2）强化奋发向上的企业文化。一个企业的文化常常会被企业用几句精练的语言加以概括，并在企业的经营过程中像只无形的手影响和左右企业的各种活动。但如何将企业文化的内容传达给员工，让员工理解并认同它，就不是一件容易的事了。

绩效管理的贯彻，首先要建立起以人为本的企业文化，充分地尊重员工，给他们提供发展的空间和舞台。员工在这种各尽所能的工作氛围中，工作积极性就会高涨。强烈的归属感会将员工和企业紧密地联系在一起。在主人翁意识的驱动下，员工会为实现目标而更加努力，企业的文化因此得到巩固、发展。

同时，绩效管理系统的运行过程，实际上也是灌输企业文化的过程。它作为企业高层表达和宣扬企业文化的重要途径，能使员工明确管理者所推崇的行事方式，使管理者和员工明确什么是企业鼓励的行为、什么是企业不鼓励的行为，并最终使企业文化被所有员工理解、接受并贯彻执行。

（3）有利于绩效的提高。俗话讲“众人拾柴火焰高”，如果将每个员工的创造力和潜能都发挥出来，就会形成巨大的合力，推动企业的发展。克莱斯勒汽车公司前总裁李·艾柯卡注重激发和保持下属的进取精神，使濒临倒闭的克莱斯勒公司起死回生，缔造了不朽的辉煌。他认为：在下级已经开始洋洋得意时，可多加批评；但当下级意志消沉时，切勿过于苛刻指责。下级有时会因自己的失败心灰意冷，如果这时再继续批评，会挫伤他的自尊心，会把他要改进工作现状的仅有的那么一点点积极性都给打掉了。

（4）有利于稳定人才队伍，吸引新的加盟者。绩效管理的实施使各个层次员工的价值都得到体现和认可，并且员工只要努力，就会有发展。绩效管理的贯彻使员工有了职业安全感，看到了发展前途，自然会潜心工作。有识之士自会闻讯前来，为企业效力，从而使企业不断地获得新鲜血液，不断地完善已有的人才结构。

（5）有利于企业中组织结构的优化，使之更具柔性。绩效管理使得员工广泛地参与管理过程，从而改变企业以往的信息沟通模式和决策方式，员工工作的主动性将大大增强。绩效管理强调的协作，有助于减少企业的内耗，弱化监管在企业中的作用；有助于企业的层级关系向扁平化发展，适应社会对组织的柔性要求，使企业能更快地对市场发生的变化做出反应，及时调整经营战略，战略更具有灵活性。

2.管理者——绩效管理的受益者

全球领先的公关咨询公司美国伟达公关公司的总裁罗伯特·狄伦施耐德说过："各种各样的管理者，尤其是企业最高的管理者，都发现权力正从手中一点一点地消失。他们不再像以前一样，从墙上摘下宝剑，像一名复仇天使一样在众人面前挥舞宝剑。"当管理者放下令箭的时候，他才真正开始解放自己，不再为维持权威而把自己弄得精疲力竭。

许多管理者既不善于使员工明确其要从事工作的具体内容、拥有的权利和义务以及工作完成的标准，也不能客观公正地对员工的工作表现和工作完成状况进行评价。员工经常会抱怨他们的领导只是靠权威来实现其意愿。而有效地实施绩效管理，则可以改变这一状况。

（1）提高管理者的管理水平。有研究表明，员工更多的是忠于一个优秀的管理者，而不是企业。若一个优秀的管理者离职，他的许多下属也会随之而去。那么，如何成为一名优秀的管理者呢？

如今，优秀的管理者越来越多地被要求以教练、辅导者的身份出现，而不再是以往的监督员角色，他们应是通过介绍、指导、建议和鼓励等各种手段来给予员工帮助，以改进和提高员工的工作绩效。

（2）减少管理阻力，提高管理效率。在绩效管理中，员工不再是被动的接受者，他们有协作的意识和参与的愿望。与管理者一起制订工作计划，及时将计划实施中的问题反馈给管理者并获得管理者的指导和支持，可以让员工将个人意识与企业的发展前景结合起来。因此，管理者在对员工授权时，也为自己清除了掣肘，增添了左膀右臂。

（3）提高个人绩效，谋求长远发展。管理者在提高个人绩效和谋求个人发展方面，比一般员工更具优势。因为管理者作为一个团队的领头羊，当管理业绩好时，就更容易有成就感和发展机会，也更容易获得员工的认同。

3.员工——绩效管理的受益者

（1）从企业和管理者的受益中受益。当企业及其管理者从绩效管理中受益时，作为企业一分子的员工也会成为绩效管理的受益者之一。当企业从绩效管理中得到收益，员工的收入也会随着企业利润的增加而增加。

当管理者的管理水平提高后，员工在绩效管理的过程中就会得到管理者更多的帮助和辅导，员工和管理者的关系会变得更融洽，工作更顺利。

（2）精神需求的满足程度大大提高。根据马斯洛需求层次理论，人们在收入水平较低的情况下，往往只会在第三个层次上拼搏，对于尊重和自我实现并不敢奢求。但随着收入的增加和文化素质的提高，员工开始对尊重和自我实现有所期望。在绩效管理的过程中，由于员工的参与度及收入的增加，其受尊重的欲望和自我实现的需求就可以得到一定程度上的满足。

（3）可以感受到工作是快乐的。绩效管理的效果之一就是，让员工感受到工作对于他们不仅仅是一种责任，他们得到的不仅仅是一份工资，他们不再是被动的接受者，而是有明确目标、有上级的支持、训练有素的群体中的一员。只有当员工感受到工作的快乐时，他们的工作积极性才能得到充分发挥，他们的潜能才能被完全挖掘，他们才有机会和能力去承担更大的责任，分享更大的成功。

（4）可以获得更多的发展机会。企业会根据员工的意愿、特长、工作需要，结合员工的一贯表现，为员工安排合适的工作岗位，并在管理者的协助下，制订和实施个人的职业生涯规划，以使员工获得长远发展的机会。

（5）通过公平竞争，获得优厚的报酬。在绩效管理的体系下，是没有庸才的生存土壤的。合理的绩效考核可以克服管理者偏见带来的弊端，每个员工只要有能力，有干劲，出业绩，就会有相应的回报。

实施绩效管理是需要时间和精力的，但一些管理者宁愿将时间和精力花在其他地方。经过以上的论述不难发现，在实施绩效管理的过程中，时间和精力的付出都是值得的，因为这是一种投资。只要将绩效管理方法运用得合理、恰当，无论是对整个企业，还是对管理者，甚至对每一个员工都是明显有益的。

关键点提示

企业实行绩效管理，下述各方都会受益：

1.企业；2.管理者；3.员工。

1.4　如何采取个性化的绩效管理方式

工作场景描述

当管理者想使不同的员工都有自身适用的绩效管理方式时，可查看。

解读与分析

企业对员工的管理方式通常是由对员工的认识决定的。一套完善的绩效管理体系应当能针对不同的对象采取不同的绩效管理方式。

1.传统经济时代与知识经济时代绩效管理方式的区别

（1）在传统经济体制下，企业对所有员工的工作表现均采用同样的评价方法，都是依据按劳分配原则对员工的工作成果进行衡量，确定员工的收入。

（2）进入知识经济时代后，随着知识密集型劳动者的增加以及劳动者所从事的工作中知识含量的提高，工作的形式越来越趋于多样化，知识等非物化劳动形式对企业效益的贡献也越来越大。

面对这种变化，企业应当以新的思维方式来看待员工，以新的管理方式对企业中的人才进行管理。因此，企业所建立的绩效管理系统必须能够适应这种兼具多样化和人性化的工作方式，能针对从事不同工作的员工实施不同的绩效管理方式。

2.按各级员工在企业中所承担责任的范围确定绩效管理方式

（1）划分各级员工的责任范围。

职层	责任范围划分标准
企业高层	①根据环境的变化，把握企业的经营发展方向，负责企业战略目标或某一业务发展目标的制定。 ②进行企业整体发展战略的规划设计和业务系统的改进，组织开展事业领域、产品领域、服务领域、市场等领域的创新工作。 ③培养继任者和适合企业需要的中坚力量。
企业中层	①参与企业的整体规划或某一领域的设计规划。 ②正确理解企业的战略，并根据战略规划的要求，站在战略的高度和业务系统的角度建立起业务系统的业务标准和作业规范。 ③将企业和部门的目标落实到每个员工，并监督、指导下属的业务工作。 ④为提高部门及业务系统的工作效率，不断进行业务技术和方法的研究与开发，推进工作方法和技术的创新。 ⑤指导下属规划自己的职业生涯，培养下属的核心技能。
企业基层	①严格地执行已有的业务标准，熟练掌握业务技术和工作方法，独立完成符合业务标准的工作任务。 ②尽可能地对工作方式进行技术上的革新。 ③对产品的数量、质量、成本，任务完成的及时性，以及生产各环节的服务质量承担责任。

（2）以划分好的员工的责任范围为依据，建立绩效管理体系。

类型	绩效考核特征	绩效考核方式	考核周期
高层管理者	基于经营绩效达成的关键业绩指标考核	关键业绩指标述职报告	一年
中层管理者	以任职资格为基础，基于战略目标实现的关键业绩指标考核	关键业绩指标述职报告	半年
基层员工	关键业绩指标考核以及基于关键业绩指标落实的关键行为考核	关键业绩指标考核及行为考核	每季度
作业类员工	以关键业绩指标分解为基础，关键业绩指标实现的关键行为的每日评价	关键业绩指标考核及行为考核	每日记录 月度考核

3.根据不同的工作性质采用不同的绩效管理方式

首先，应根据工作性质的不同将企业内现有的职位划分为不同的类别。

然后，分析总结各类工作的特点，将工作特点类似、可以采用同种绩效考核方法的职能类别合并，建立起一套适应各职能类别特点的绩效管理体系。

（1）划分职位类别。

职位类别	划分要素
管理类	为企业经营管理系统的高效运行以及各项经营决策的正确性负直接责任
市场类	对产品进入市场、产品品牌的树立以及市场占有率承担直接责任
技术类	对产品的创新性和技术在行业内的先进性承担直接责任
专业类	对为企业行政管理系统提供的专业化管理信息及管理服务的质量、效果承担直接责任
作业类	对产品生产的数量、质量及生产成本负直接责任

（2）以划分好的职位类别为依据，建立绩效管理系统。

职位类别	绩效考核特征	绩效考核方式	考核周期
承担直接管理责任的各级管理者	以业绩目标完成和工作改进为基础的绩效考核	对业绩目标进行考核	一年或半年
从事业务或研发设计的一般工作人员	以工作改进和目标设定的计划完成为基础的绩效考核	对计划完成度进行考核	季度
从事例行性常规工作的人员	以工作量的完成为基础的绩效考核	对工作量完成度和准确性进行考核	月度
行政类或日常事务类工作人员	以该职位应负的责任和额外工作完成情况为基础的考核	对承担责任、额外贡献进行考核	季度

正是由于在企业中，员工所处的职位不同，所负担的使命和责任不同，因此，管理者在构建绩效管理体系时，应针对不同的员工职位、员工所承担的不同的使命和责任，采用各自适合的考核方法及衡量标准，力求考核结果的准确。

关键点提示

管理者在针对不同的对象采取不同的绩效管理方式时应掌握下列各点：

1.传统经济时代与知识经济时代绩效管理方式的区别；2.按各级员工在企业中所承担责任的范围确定绩效管理方式；3.根据不同的工作性质采用不同的绩效管理方式。

1.5 如何克服绩效管理中的障碍

工作场景描述

当管理者要成功克服绩效管理或绩效考核中的障碍时，可查看。

解读与分析

企业实施绩效管理的益处很多，同时，误区和难处也很多。绩效管理的实施会受到企业、员工、技术、环境等各种因素的影响和制约。因而，能否避免和克服在绩效管理中的障碍，将绩效管理的效能发挥到最大，事关绩效管理的成败。管理者可从以下几方面积极努力，消除绩效管理中的障碍。

1.使企业目标与员工目标保持一致

企业目标和员工目标一致，对企业来说是非常重要的。如果企业指派一个销售部门经理去联系业务，而他知道自己的上面还有分管销售的副总和企业的老总，即使自己的业绩做得再好，在短期之内也无法得到职位上的晋升。此时，他可能会为了自身的发展，在工作中中饱私囊，以企业的资源构建自己的关系网，甚至他可能已在谋划着跳槽了。

在企业实施目标管理的过程中，常常会产生员工的个人目标与企业的总目标不一致的矛盾。因此，如何使员工目标和企业目标保持一致，是管理者要面对和解决的一大难题。管理者可通过以下方法来解决这一难题。

（1）通过各种形式，采取各种手段，在员工中不断地宣传组织的战略、宗旨和企业文化，使之得到大家的认同。

（2）在制订团队工作计划时，真诚地邀请员工参与。

（3）使员工看到发展的美好前景。

（4）帮助和指导员工制订并实施工作计划及员工职业生涯规划。

2.坚持以人为本的管理理念

作为绩效管理的思想精髓，以人为本的管理理念应当贯彻绩效管理过程的始终。绩效管理能优于其他形式管理的一个重要原因，就是它将以人为本的管理理念渗透到具体操作的每一个环节中，并赋予其新的含义。

让员工自己制订工作计划、进行自我考评等都是以人为本的管理理念的体现。没有以人为本的管理理念，管理者很难发自内心地听取员工的意见和建议，很难大胆地授权，很难想到将激励与培训措施相结合以满足员工的发展意愿。而员工也不会真诚地参与企业、团队的建设。这样一来，绩效管理就完全流于形式了。

每个员工都认为自己是与众不同的。因此，管理者在用人时，应充分考虑每个员工的个性、特长、价值观、目标等，有的放矢，善加利用，尽可能地发挥员工的潜能。

3.让员工参与组织活动

所谓的“员工参与”不仅仅是请员工开个座谈会，填个调查表，而应给员工真正做主的机会和权利，让他们从参与组织活动的过程中得到尊重，获得满足。“员工参与”的实现可以通过下列途径。

（1）让员工参与企业目标、团队计划等的制订。

（2）设立开放、方便的接纳建议的渠道。

（3）管理者进行适度授权。

（4）建立快捷的信息沟通反馈机制。

（5）在一定程度上实行员工自我管理。

只有让员工充分参与组织活动，才能更好地将员工个人发展计划和工作目标相结合，员工的积极性、创造性和潜力才能充分发挥出来。

4.实施有效沟通

试想一下，在信息时代，一个没有沟通的组织会变成什么样？答案是，会变成一潭死水。因此，管理者应积极推动和组织开展各种形式的沟通活动。除了与外界的沟通外，组织内部的沟通也同样重要。有效沟通是实现“员工参与”、提高“员工参与”效果的必不可少的手段。

内部沟通可以有多种形式，如上下级间的纵向沟通、同级间的横向沟通等。那么，组织和员工通过沟通能实现什么呢？

企业的内部沟通应是开放的、双向的。通过及时、有效的沟通，可以消除绩效管理过程中遇到的阻力以及由于信息不对称、不准确而造成的上下级之间的误解。沟通既是管理的润滑剂，又可以实现企业内部的优势互补、优化资源配置，实现资源共享，减少浪费。

因此，管理者要与员工进行有效的沟通。只有员工心情舒畅了，才会更加忠诚于企业，继而降低管理者的管理难度，组织的业绩也会因此而不断提高。三方共赢，何乐而不为呢？

5.将管理与支持适当结合

在具体工作的实施过程中，管理者既要对员工进行监督指导，也要给员工以支持。在实际工作中，领导布置完任务后就再也不闻不问的现象并不少见。如果一个领导者在布置工作时对员工说：“这个任务就交给你了，我相信你的能力不会让我失望的！”说完就走开了，对员工在实施任务过程中遇到的种种困难也不理会，其后果可想而知。员工可能会一时激动，但之后会牢骚满腹，而且下次绝不会如此卖力。

6.实施科学合理的考核

考核是绩效管理中至关重要的环节，原因如下。

（1）考核是管理者对企业日常事务监控和协调的工具。

（2）考核可以使员工保持高昂的斗志、持续的工作热情和时刻的紧迫感。

（3）考核可以使员工明确自己的工作表现，发现工作中的不足并及时改进，不断提高工作业绩。

（4）考核结果是对员工进行晋升、加薪、培训、惩罚的依据。

因此，考核必须科学合理，制定的考核指标要有一定弹性；考核行为要经常化、制度化，使员工自然地接受；对于考核结果，要及时进行反馈，使之客观公正地为绩效管理服务。

7.给予员工恰当的激励

激励是管理的主要功能之一，它贯穿于管理工作的始终，能够使员工充满工作热情，干劲儿十足。有效的激励应该是公平、及时和全面的，同时，应根据被激励对象的不同，采用不同的激励形式。

激励的形式如下。

（1）精神与物质双激励。

（2）在工作中适度授权。

（3）对员工的成绩和贡献及时表扬、肯定、鼓励。

（4）要及时兑现给员工的承诺。

8.持续培训员工

绩效管理是以实现员工个人的发展为导向的，而要实现员工个人的发展，企业对员工进行业务技能和知识的培训是必不可少的。尤其在学习型组织成为未来企业的主导组织形态后，培训就更显示出其重要性。企业想发展，就要拥有优秀的人才。为员工提供培训的机会，不仅可以令员工将个人的发展与组织前途相结合，而且可使组织保持竞争优势，增强自身实力。关注员工个人发展，为员工提供持续不断的培训机会是绩效管理的一大特点。

关键点提示

管理者想要克服障碍，成功地实施绩效管理，就要做到以下几点：

1.使企业目标与员工目标保持一致；2.坚持以人为本的管理理念；3.让员工参与组织活动；4.实施有效沟通；5.将管理与支持适当结合；6.实施科学合理的考核；7.给予员工恰当的激励；8.持续培训员工。

第2章

绩效计划制订常见问题

绩效计划是绩效管理的第一个环节，是绩效管理的基础，对于整个绩效管理体系的实施起着重要的作用。绩效计划的质量决定了整个企业的工作是否可以围绕企业目标进行。如果绩效计划出了问题，后续的绩效辅导、绩效考核以及考核结果应用等环节都将失去方向，最终导致绩效管理工作的失败。

2.1　如何拟订绩效目标

> **工作场景描述**
>
> 当管理者为设定绩效目标感到无从下手或思路混乱时，可查看。

解读与分析

绩效目标是制订绩效计划的依据，是考核的标准，是绩效管理活动的向导。在整个绩效管理过程中，绩效目标具有举足轻重的地位。绩效目标是绩效管理的起点。将绩效目标确定好，就意味着绩效管理已经成功了一半。尽管许多企业在对管理者和员工的宣传中不断地强调绩效目标和绩效计划的重要性，但真正能把绩效目标确定好的企业并不多。除了企业设定的绩效目标不规范外，管理者对绩效目标设定方法不熟悉也是重要原因。那么，企业该如何拟订绩效目标呢？具体如下。

1.设立绩效目标框架

绩效目标的设立，就是管理者和员工就工作目标、应负责任、绩效衡量标准等方面进行讨论，最终达成共识的过程。设立绩效目标时，应确定绩效目标来源、划分绩效目标种类、设定绩效目标支撑要素，同时还要员工、管理者和组织积极参与。

（1）绩效目标的设立来源于企业的战略目标和经营理念，但不只是基于企业的战略目标，同时还受岗位责任和流程目标的影响。

（2）绩效目标类别的划分将直接影响绩效考核标准的设立。

（3）绩效目标确定以后，要判定它是否符合要求，是否是一个可考核的绩效目标。

（4）绩效目标的设立应以组织、管理者和员工三方的共同参与作为依托。

2.明确绩效目标来源

各部门的主管在设定绩效目标时，一般应先根据上级部门的目标，结合本部门的业务重点、策略目标和关键业绩指标，制订出本部门的工作目标计划。此后，根据不同职位的员工应承担的责任或关键业绩指标，将部门的目标层层分解到各个负责人。因此，绩效目标的来源主要有以下三点。

（1）直接来源于部门的绩效目标。只有如此，才能保证每个员工努力的方向都是符合企业要求的，企业的战略目标才能得以真正落实。

企业战略目标的落实，往往是按照组织结构自上而下层层分解的，而员工对于落实下来的目标则是自下而上地层层承诺。

（2）来源于岗位职责。岗位职责描述的是一个岗位在整个组织中所扮演的角色，即这个岗位会为组织做出什么样的贡献。由于岗位职责依附于相对稳定的岗位，所以不易发生变化，除非岗位本身发生根本性的变化。

绩效目标是有一定时间性和阶段性的，它是对在一定条件下、一定时间范围内要达到的结果的描述。

（3）来源于内部和外部客户的需求。在给员工设定绩效目标时，一定要兼顾内部和外部客户的需求。只有这样，设定的绩效目标才能实现1+1＞2的效果。

总之，管理者在设定绩效目标时，应当综合考虑上述三个方面，以免制订出的绩效目标挂一漏万。

3.划分绩效目标类型

要设定绩效目标，必须先弄清绩效目标的类型。绩效目标的划分标准可以有很多种，如按目标的层次可分为总目标、次目标和个人目标；按目标的性质可分为定量目标和定性目标；按目标的特点可分为例行目标、例外目标等。现在要介绍的是一种比较常用的划分方法。

按目标的行为和结果，可划分为行为目标和结果目标。

（1）行为目标，是指员工在完成目标的过程中，行为及工作表现必须达到的标准要求。例如：所有产品的开发过程必须符合企业规定的产品开发流程。

（2）结果目标，是指员工在特定条件下必须取得的阶段性结果。例如：今年年底，要使产品成本降低3%。

4.确定绩效目标的设定方法和程序

了解了绩效目标的来源和分类后，下一步就要掌握绩效目标的设定方法了。通常使用的设定方法有传统目标设定方法和参与式目标设定方法两种。

（1）传统目标设定方法。目标由高层管理者制订，然后层层分解为子目标，落实到组织的各个层级上。传统目标设定方法的特点如下。

①是一种单向的过程，由上级设定好后下达给下级。

②可操作性并不大。如果最高层管理者只是用泛泛的语言来设定组织的目标，那么这些模糊目标在转化为具体目标的过程中，就会经过层层传递，最终造成目标清晰性和一致性的缺失。

（2）参与性目标设定方法。这种设定方法不同于传统目标设定方法的地方在于：它是由上级和下级共同设定具体的绩效目标，共同对绩效目标的实施情况进行定期检查，是自上而下再由下而上反复完善的过程。

管理者不是用绩效目标去控制员工，而是用它来激励员工。因为底层的员工也参与了绩效目标的制订，所以绩效目标的转化既是“自上而下”的过程，又是“由下而上”的过程。每一层的绩效目标都与下一层的绩效目标连接在一起，而且每个员工都有一个具体的个人绩效目标。因此，每个员工对组织做出什么贡献是显而易见的。当所有员工都实现了自己的绩效目标，他们所在部门的绩效目标就会实现，最终组织整体绩效目标就会成为现实。

5.设定描述绩效目标的四要素

要素一：要使用精确的描述性语言。

尽量使用精确的描述性语言，不要用形容词或副词，因为形容词和副词会因不同人的不同理解而产生不同的含义。

例如，“两日内回答客户的问题”，这样的目标是很精确的。

又如，“给客户提供专业的服务”，这个目标的用词就很含糊，因为何为专业，难以量化。

要素二：使用积极的动词。

应当用“增加”“取得”等积极的动词，不应用那些被动的动词。

要素三：确保目标说明的准确。

例如，“希望你在团队中增强提高客户满意度的意识”。本来“客户满意度”就是个难以衡量的参数，现在还要设立“增强提高客户满意度意识”这样的目标，就更难把握了。

要素四：采取简单而有意义的衡量标准。

不要采用很复杂、很模糊的衡量标准。这样的标准一方面不便于员工的理解和接受，另一方面也不利于管理者的操作和控制。

6.拟订绩效目标时应考虑的四个方面

（1）战略相关性。绩效目标和组织战略目标要密切相关。

（2）目标的缺陷。在拟订绩效目标时，一定要考虑绩效目标是否存在缺陷。如果某企业的绩效目标仅注重于某一类目标，而排斥另一类同样重要的目标，可以说企业的绩效目标是存在缺陷的。

（3）目标的污染。目标不仅会存在缺陷，还会被污染。有时一些不为员工所控制的外部因素也会影响员工的工作绩效。

（4）可靠性。可靠性指的是一项目标的稳定性或一贯性，也指个人在一段时间里维持某一工作水平的程度。

关键点提示

管理者在按照标准的方法和程序拟订绩效目标时，应注意以下各点：

1.设立绩效目标框架；2.明确绩效目标来源；3.划分绩效目标类型；4.确定绩效目标的设定方法和程序；5.设定描述绩效目标的四要素；6.拟订绩效目标时应考虑的四个方面。

2.2 如何使绩效目标合理化

工作场景描述

当管理者想确定设定的绩效目标是否合理时，可查看。

解读与分析

企业的绩效目标不是一制定出来就完美无缺，就可以用于具体的绩效管理的。企业不光要制定绩效目标，还要当保证目标的合理性和可操作性。如何保证目标的合理可行呢？

1.应用六大“魔方”实现绩效目标合理化

（1）让员工亲自参与。传统的绩效目标制定方法是由上级领导一手包办员工个人绩效目标的制定，员工只能令行禁止。而现代绩效管理的最大特点就是让各个层级的员工自己做主，参与绩效目标的制定过程，表达自己的真实愿望。员工对其参与制定的绩效目标的完成度会寄予比较高的期望，因为员工在完成个人绩效目标的同时也在实现个人职业生涯的规划。

（2）员工目标要与组织协调一致。员工个人绩效目标应服从组织整体绩效目标，并且要和组织的战略规划，各层级、各阶段的绩效目标保持一致。

（3）目标要明确具体。一方面，具体的绩效目标有更显著的激励效果。比如“一个月内使市场份额增加3%”和“使市场份额有所提高”这两个绩效目标相比，肯定是前者更能激励员工全力以赴。另一方面，由于绩效考核往往是将员工的绩效目标作为考核的主要标准，所以如果绩效目标不明确、不具体，考核就不容易把握。

目标的明确应体现在以下四方面。

①目标的执行者要明确：是独立完成，还是协作完成？

②目标的标准要明确：所期望达到的工作量、工作质量、工作状态等界限必须清晰。

③实现目标的时间限定要明确。

④保证实现目标的措施要明确。

（4）目标要先进可行。设立的员工绩效目标应当既有先进性，又有可行性。先进性是指设定的绩效目标水平高，富有挑战性，能对员工产生强大的激励作用；可行性是指以当前现有的实现绩效目标的方式、手段、途径为基础设定的绩效目标是可行的，通过努力，绩效目标是可以实现的。

（5）目标要灵活。因为目标是对未来的预期，在实现目标的过程中通常会存在一些不确定性因素，例如国家政策变化、自然灾害、经济波动等，所以，合理的目标应随着环境的变化随时修正。但是，目标具有灵活性并不意味着其可以随意地、不受限制地更改，应避免文过饰非。

（6）目标要具有易考核性。绩效目标不仅要帮助管理者进行员工的绩效考核，还要使员工能够通过它衡量自身的努力程度、能力水平、潜能等，以便更准确地进行自我定位，随时改进工作方法，调整个人的职业生涯计划。

2.确定绩效目标管理的基本程序

（1）设定目标。

第一步：预定目标。这是暂时的、可以改变的目标。预定目标既可以由上级提出，再同下级商讨，也可以由下级提出，报上级批准。但不管怎样，目标必须由上下级共同商量确定。

第二步：重新进行职责分工和组织结构审议。目标管理要求每个目标都有明确的责任主体，因此在目标设定之后要重新审视、调整现有的组织结构。

第三步：确定下级的目标。上级要明确组织的规划和目标，在讨论中要尊重下级，耐心听取下级的意见，帮助下级建立与组织目标一致的分目标。分目标要具体、可量化、便于衡量，要分轻重缓急，要有挑战性、可行性。

第四步：上级和下级就实现目标所需的条件和对目标执行者实施的奖惩达成协议。上级要赋予下级相应的资源配置权利，实现权、责、利的统一。

（2）实施绩效目标过程的管理。

虽然目标管理强调的是结果，强调员工自主、自治、自觉，但这并不意味着管理者可以放手不管。相反，正是由于形成了目标体系，一环失误就会牵动全局，因此，管理者对目标实施过程的控制必不可少。首先，可利用双方接触的机会和信息反馈渠道进行定期检查；其次，要将目标的达成情况向下级通报；最后，要帮助下级解决工作中出现的问题。当出现严重影响组织目标实现的事件时，可以通过一定程序修改原有的目标。

（3）总结和评估。

首先由下属进行自我评估，提交报告；然后由上下级共同评估目标的完成情况，决定奖惩；同时要就下一阶段的目标进行讨论，开始新一轮的目标执行工作的循环。

（4）对目标管理进行检视。

为了确保目标管理真正发挥它应有的作用，应按以下标准对它进行认真的检视。

①目标是否体现了工作的主要特征？

②目标是否太多？能否进行合并？

③在完成目标后，能否判断自己的目标是否实现？

④目标是否明确？

⑤目标是否既有挑战性又很合理？

⑥目标是否包括改进方案和员工个人目标？

⑦员工个人目标是否与组织目标保持一致，且与其他人的目标不相矛盾？

⑧是否与需要了解该目标的人员进行了讨论和沟通？

⑨是否有短期目标？

⑩设立目标时的基本假设是否明确？

⑪能否在实施目标管理的过程中及时反馈并采取纠正措施？

⑫目标是否以书面形式清楚地表达了？

⑬是否具备了实现目标的资源和权限？

⑭员工是否有机会提出他们的意见和建议？

⑮员工对分配给他们的职责是否有能力承担？

如果员工的目标没有完成，管理者应帮助员工分析原因，吸取教训。切忌相互指责。保持相互信任的融洽氛围。

关键点提示

要保证绩效目标的合理可行就要做到以下两点：

1.应用六大“魔方”实现绩效目标合理化；2.确定绩效目标管理的基本程序。

2.3 如何建立 KPI 体系

工作场景描述

当管理者想寻找适合的方法建立KPI体系时，可查看。

解读与分析

KPI（Key Performance Index）即关键绩效指标，它是衡量企业战略实施效果的关键指标，目的是建立起一种机制，以便将企业战略转化为内部过程和活动，使企业的核心竞争力不断增强，并持续地取得高效益。同时，它还使得绩效考核体系不再只是激励约束手段，而是变成了战略实施工具。

1.明确建立以战略为导向的企业KPI体系的优越性

（1）KPI体系不仅仅是员工行为的激励约束机制，更是能发挥战略导向牵引作用的手段。

（2）员工个人目标与企业战略相契合，使KPI体系能有效地传播企业战略，成为企业战略的实施工具。

（3）KPI体系是对传统绩效考核理念的创新，它在评价员工行为时，强调战略在绩效考核中的核心作用。

现将以战略为导向的KPI体系与一般的绩效考核体系的区别，在下表中列出：

项目	一般的绩效考核体系	以战略为导向的KPI体系
假设前提	①假设人们不会主动采取实现目标的行动 ②假设人们不知道采取什么行动来实现目标 ③假设制定与实施战略和普通员工无关	假设人们为实现目标会采取一切必要的行动
考核目的	以控制为中心，考核指标体系的设计与运用均来源于控制的意图，包括能更有效地控制员工的行为	以战略为中心，考核指标体系的设计和运用都是为战略服务的
指标产生	通常是自上而下将员工个人以往的绩效与组织的绩效目标相对照而产生的	在组织内部是自上而下对组织战略目标进行层层分解而产生的

续表

项目	一般的绩效考核体系	以战略为导向的KPI体系
指标来源	来源于特定的程序，即对过去的绩效行为和结果的修正	来源于组织的战略目标和竞争的需要
指标的构成与功能	以财务指标为主，非财务指标为辅，注重评价过去的绩效，而且指导绩效改进的出发点是纠正过去绩效考核中存在的问题，绩效改进与战略脱钩	将财务指标和非财务指标相结合，遵循注重短期效益，兼顾长期发展的原则；指标本身不只传递了结果，而且传递了产生结果的过程
收入分配体系与战略的关系	与组织整体战略相关度不高，但与个人绩效好坏密切相关	与KPI指标的值，权重相搭配，有助于推进组织战略的实施

2.建立KPI体系的导向

要建立明确的KPI体系，首先要回答以下问题。

（1）企业的战略是什么？

（2）企业成功的关键因素是什么？

（3）什么是关键绩效？

（4）如何将绩效考核的基本矛盾处理好？

（5）究竟是重考核过程还是重考核结果？

（6）应当建立什么样的运营机制？

（7）如何协调与控制收益增长和潜力增长、突出重点和均衡发展、定性考核和定量考核之间的关系？

回答了以上的问题后，接下来就要进行KPI的分解了。一般可以有两条主线：按组织结构分解，目标—手段法；按主要流程分解，目标—责任法。

3.依据部门承担责任的不同来建立KPI体系

依据部门承担责任的不同来建立KPI体系的方法，强调的是部门从自身承担责任的角度，对企业的战略目标进行分解，进而形成评价指标。这种方法最大的优点是突出了部门的参与度，但有可能导致战略稀释的现象发生，即指标可能更多地体现部门管理的责任，少了对流程责任的体现。为方便理解，示例如下表：

部门	侧重的指标	指标名称
市场部	市场份额	市场竞争率、销售增长率、品牌认识度、销售目标完成率
	客户服务	投诉处理及时率、客户档案完整率、客户回访率、客户流失率
	经营安全	贷款回收率、成品周转率、销售费用投入产出比
生产部	成本	生产效率、原料损耗率、设备利用率
	质量	成品一次合格率
	经营安全	原料周转率、在制品周转率、备用品周转率
技术部	成本	设备损失率
	质量	设计错误再发生率、第一次设计完成到投产前修改的次数、项目及时完成率
	竞争	在竞争对手之前推出新产品的数量、在竞争对手之前推出新产品的销量
采购部	成本	原料库存周转率、采购价格指数
	质量	供应商交货一次合格率、采购成功率
人力资源部	经营安全	人员需求满足率、培训计划完成率、培训覆盖率、员工自然流失率

4.依据职类职种的不同性质来建立KPI体系

基于职类职种划分而建立的KPI体系，突出了对组织具体策略目标的响应。各专业职种都能按照组织制定的每一项工作目标，提出本专业的响应措施。但这种考核指标设置方式增加了部门管理的难度，可能会出现忽视部门管理责任的现象，而且依据工作性质确定的KPI体系更多的是结果性指标，缺乏对过程的描述。示例如下表：

职类	职种	职种定义	指标名称
管理服务类	财经	负责资产的计划、使用、管理和评估，为企业财务系统的安全运营和效益承担责任	预算费用控制、支出审核失误率、资金调度达成率
	人力资源开发	依据战略需求，保证人才供给，优化人才结构，提高员工综合素质，为人力资源系统的有效运营承担责任	人员需求达成率、培训计划达成率、员工自然流失率、核心人才流失率
市场类	营销支持	为营销活动及时有效地提供支持和服务，对企业产品和服务品牌的认知度、忠诚度、美誉度负责	品牌认知度、市场占有率、投诉处理率、客户流失率
	营销	产品市场拓展和商务处理工作，及时满足客户要求，对产品市场占有率负责	销售增长率、销售目标达成率、销售费用投入产出比、货款回收及时完成率

续表

职类	职种	职种定义	指标名称
市场类	采购	保证原料的供应，对原料质量和及时有效供应负责	采购价格指数、采购任务达成率、供应商一次交货合格率
技术类	工艺技术	进行原料储存、生产工艺的技术支持工作，保证生产工艺准确实施，对生产的高效运行负责	技术服务满意率、设计及时完成率、设备故障停机率
	研发	从事产品和相关技术的开发和创新工作，对产品和技术在行业中确立优势地位负责	设计损失率、第一次设计完成到投产修改次数、单项目及时完成率

5.依据平衡记分卡来建立KPI体系

平衡记分卡的核心思想是通过客户、财务、学习与成长和内部经营过程四个方面指标之间相互驱动的因果关系，来实现绩效考核—绩效改进以及战略实施—战略修正的目标。一方面通过财务指标来持续关注组织短期绩效；另一方面，通过信息技术的应用、产品和服务的创新，以及员工学习等来提高客户的满意度，共同促进组织未来的绩效目标和战略的实现。

依据平衡记分卡建立起来的KPI体系能兼顾对过程和结果的关注。示例如下表：

指标类别	侧重的指标	指标名称
财务	财务效益状况	总资产报酬率、销售营业利润率、净资产收益率、成本费用利润率、资本保值增值率
	资产运营状况	总资产周转率、存货周转率、流动资产周转率、应收账款周转率
	偿债能力状况	流动比率、速动比率、资产负债率、长期资产适合率
	发展能力状况	资本积累率、总资产增长率、销售营业增长率、三年平均利润增长率、固定资产更新率
客户指标	价格	价格变动比率
	服务	客户满意度、客户档案完整率、促销效益比率
	品牌状况	产品上架率、投诉处理及时率、货款回收率、销售收入完成率、相对市场占有率
内部运营	质量	原辅料采购计划完成率、原料质量一次合格率、正品率、工艺达标率
	成本	采购价格综合指数、原辅料损耗率、单位成品原辅料成本
	效率	配送及时率、设备有效作业率、产品供货周期

续表

指标类别	侧重的指标	指标名称
学习	学习	培训覆盖率、人才适配度、核心人才流失率
	发展	产品创新度、技术和产品储备度

当我们把KPI体系建立起来后，会发现指标很多，且指标涵盖的范围也比较广，管理者根本不可能直接对这么多指标进行监控。因此，我们需要对KPI体系进一步分析和选择，确定出企业当前需要重点关注的关键业绩指标。

所以说，KPI体系是以战略为导向、用于评估和管理被评估者绩效的定量化、行为化的绩效考核体系。它会对组织目标起到增值作用，同时是进行绩效沟通的基石，是连接个人绩效与组织目标的一道桥梁。

关键点提示

管理者建立KPI体系需做好以下几点工作：

1.明确建立以战略为导向的企业KPI体系的优越性；2.建立KPI体系的导向；3.依据部门承担责任的不同来建立KPI体系；4.依据职类职种的不同工作性质来建立KPI体系；5.依据平衡记分卡来建立KPI体系。

2.4 如何正确理解绩效计划

工作场景描述

当管理者想制订绩效计划但不明确绩效计划的真实含义时，可查看。

解读与分析

马克思曾说过：“世界上最蹩脚的建筑师从一开始就比最灵巧的蜜蜂高明的地方，是他在用蜂蜡建筑蜂房以前，已经在自己的头脑中把它建成了。”其实，房屋在头脑中建成的过程就是一个计划制订的过程，计划总是在有形无形中指导着我们的日常生活。

由于所处的层次不同，计划可分为组织计划、团队计划、员工个人计划。在不同层次上计划的表现形式也大不相同，有宗旨、目标、战略和策略、政策、程序、规划和预算等。

计划是从我们现在所处的位置到达将来预期目标的一座桥梁。它把我们所处的此岸，和我们要去的彼岸连接起来，有了这座桥，本来不可能实现的事，现在就可能会实现。虽然我们很少能准确预测未来会发生什么事情，虽然那些超出了我们控制能力范围之外的因素可能干扰最佳计划的实施，但是我们仍然可以通过制订有效的计划来规划、指导我们的工作，指导企业的生产经营活动，以达到“运筹于帷幄之中，决胜于千里之外”的目的。

我们可以从两个方面来理解绩效计划。一个是把“计划”理解为一个名词，那么绩效计划就是一个关于员工工作目标和工作绩效衡量标准的契约；另一个是把“计划”看成一个动词，那么绩效计划就是管理者与员工通过沟通和讨论，最后对员工的工作目标和工作绩效衡量标准达成一致意见、形成契约的过程。

管理者要想对绩效计划有一个正确、全面的理解和认识，应掌握以下几点内容。

1.消除对绩效计划的误解

误解一：做计划就是在浪费时间。

其实做计划不是在浪费时间，而是在节省时间，提高效率。

误解二：做计划可以消除变化。

做计划不能消除变化，无论管理者如何计划，变化总是要发生的。制订计划是为了预测变化，制定有效的应变措施。

误解三：做计划会降低工作的灵活性。

做计划应当是一种持续进行的活动，有的计划是可以做得很灵活的。

2.绩效计划是关于工作目标和绩效衡量标准的契约

有人认为绩效考核是绩效管理中最重要的环节。那么，大家好好想一想，如果在进行绩效考核时，不知道考核的依据是什么，不知道什么是好的绩效、什么是坏的绩效，绩效考核的结果会怎样？

在绩效管理开始之前，管理者和员工要对工作目标和绩效衡量标准达成一致，形成契约。在契约中应至少包括以下几方面内容。

（1）员工在本次绩效考核期内要达成的工作目标。

（2）达成目标的结果。

（3）应从哪些方面去衡量这些结果？衡量的标准是什么？

（4）关于员工工作结果的信息从何处获得？

（5）员工各项工作目标的权重。

3.绩效计划的制订是一个双向沟通的过程

绩效计划不能只是纸上的契约，如何达成这个契约是很重要的。建立契约的过程是一个双向沟通的过程，管理者和员工在这个双向沟通的过程中都负有维护契约公平、公正的责任。建立契约不仅仅是管理者对员工工作的要求，也是员工对管理者制订合理、可操作绩效计划的要求。

在这个双向沟通的过程中，管理者应向员工解释和说明以下问题。

（1）组织的整体目标是什么？

（2）为了完成组织整体目标，我们所处部门的目标是什么？

（3）为了达成目标，对员工有什么期望？

（4）员工完成工作的时限和绩效衡量标准应如何制定？

员工要向管理者表达的内容如下。

（1）对自己的工作目标和如何完成工作的想法。

（2）对自己工作的疑惑和不解之处。

（3）对自己工作的计划和打算。

（4）完成工作所需的资源及可能遇到的问题。

4.员工参与和达成共识是制订绩效计划的前提

在制订绩效计划时，要充分体现“员工参与”的理念，鼓励员工积极参与绩效计划的制订，并就绩效计划成功实施的奖励对员工作出正式的承诺。为什么要如此呢？

社会心理学家指出，当人们亲自参与制定某项决策时，他们一般会倾向于采取支持的立场，并且即便有外部力量的干预，也不会轻易改变立场。有研究表明，人们是否坚持某种立场取决于两点：一是他们在形成这种立场时参与某种工作或活动的程度；二是他们是否公开表态。

企业制订绩效计划的主要目的，就是要让组织中不同层次的员工对组织目标的意见达成一致，使大家朝着一个共同的目标努力。所以，管理者和员工能否就绩效计划的具体细目达成一致意见，是绩效计划顺利实现的关键所在。

关键点提示

管理者要正确理解绩效计划需要注意以下各点：

1.消除对绩效计划的误解；2.绩效计划是关于工作目标和绩效衡量标准的契约；3.绩效计划的制订是一个双向沟通的过程；4.员工参与和达成共识是制订绩效计划的前提。

2.5　如何制订绩效计划

工作场景描述

当管理者要制订绩效计划而不知从何处入手时，可查看。

解读与分析

在制订绩效计划时，为了保证绩效计划科学合理并具有可操作性，应当按照既定的程序进行。

1.明确绩效计划的类型

绩效计划的分类原则及类型如下表所示：

分类原则	计划类型
按计划的时间界限分	长期计划、中期计划、短期计划
按计划制订者的层次分	战略性计划、作业性计划
按计划的明确性分	具体性计划、指导性计划

2.遵循制订绩效计划的原则

（1）参与原则。只有让员工参与，才能保证个人目标和组织目标的一致。管理者已经不同程度地参与了绩效计划的制订，如果给予他们更多的参与制订绩效计划的机会和自主权，他们的工作成效会截然不同；而对于普通员工而言，这种参与更为重要，因为让员工参与制订绩效计划，不仅可以弥补管理者在绩效计划制订上的不足，还可以极大地激发员工的工作积极性和主动性。员工长期被压制和漠视的创造力一旦被发掘，将会成为组织最宝贵的动力源泉。

（2）系统性原则。各层次员工绩效计划的安排、不同期限绩效计划的安排，都要贯彻系统的思想。个人绩效计划必须服从企业总体绩效计划，脱离企业总体绩效计划的个人绩效计划是不可取的。

（3）限制因素原则。人们越早、越准确地识别并消除那些妨碍既定目标实现的限制因素，就越容易选定适合的方案以实现组织的目标。限制因素如同“木桶原理”中所说的短板。一只木桶能盛多少水，取决于桶壁上最短的那块木板。所以在制订自己的绩效计划时，各个层次的员工要充分考虑自己的知识、能力、精力、可支配的资源、可获得的支持等因素，找出自己最短的那块木板，量力而行。

（4）承诺原则。任何一项计划都是对完成某项工作所作的承诺。承诺越多，计划实现的期限就越长，实现承诺的可能性就越小。计划应当反映当前决策对未来的影响，而不是对未来的决策。

（5）灵活性原则。计划的灵活性越大，由于未来意外事件的发生而引起损失的危险性就越小。计划的灵活性通常体现在以下两个方面。

①计划要留有一定的执行余地。要使计划兼具可操作性和先进性，将“量力”和“尽力”结合起来。同时，计划中的标准不能定得过高，要给执行者留有超额完成计划的余地，这样能大大激发执行者的工作积极性。在进行资源配置时，要留出一定的资源，以备不时之需。

②计划要有较大的弹性，并有应对紧急情况的处理方案。

（6）导向变化原则。计划是不可能面面俱到的，不能确保人们在工作中万无一失。因为外界环境会不断地变化，所以要结合实际情况，定期对计划进行检查和调整，修正计划。

3.明确绩效计划制订的五个要点

绩效计划不同于一般的管理工作计划，它是对组织计划和个人计划的平衡协调。绩效计划的制订包括五个要点：传达组织和团队的计划；制订和完善员工个人的职业生涯规划；重新设计工作；制订员工绩效目标；选择实施方案。

（1）传达组织和团队的计划。

制订绩效计划是分解组织计划和团队计划，然后融入员工个人意识和能动性的过程。

①组织和团队计划的制订。管理者无论制订哪一层次的计划，都应尽量听取员工的意见，给员工充分参与的机会，为以后计划的顺利实施奠定基础。

②组织和团队计划的传达。可以通过板报、会议、正式文件、内部网络、视频、企业微信等形式或途径传达，也可以由各级管理者与员工直接沟通。

③取得员工的认同。管理层要让员工参与绩效计划的制订过程，并与员工就绩效计划的内容及执行方案达成共识，使员工将组织目标作为自己的行动纲领。

（2）制订和完善员工个人的职业生涯规划。

职业生涯是一个人一生中所有与职业相联系的行为和活动，是一个相关的态度、价值观、愿望等随着职业经历的增加而不断变化的过程，也是一个人一生中职业、职位的变迁及工作理想的实现过程。对还没有制订职业生涯规划的员工，管理者应帮助他们以组织计划为依据规划自己的职业生涯。对深谋远虑的员工，应对其原有的职业生涯规划根据组织规划的新设想和憧憬进行修改和完善。

（3）重新设计工作。

工作设计是指为了有效地实现组织目标、满足个人需要、合理地处理人与工作之间的关系，对工作内容、工作职责、工作目标、工作方法、工作环境等进行的设计。不仅是新建企业，原有企业也要进行工作设计。原有企业也可能由于组织目标、任务和体制的变化而需要重新设计工作。有的员工可能身兼数职，所以工作设计要对员工工作的内容加以具体的界定。此外，工作设计还包括因原有职务的改变而对其进行的重新设计。

（4）制订员工绩效目标。

员工个人绩效目标的制订需要管理者和员工通过沟通协商来完成，管理者对目标的主要方向和内容予以确定，目标的考核标准要与员工达成一致意见。

（5）选择实施方案。

确定了目标，解决了“到哪儿去”的问题，就要制定和选择方案来解决“怎么去”的问题了。达成目标的方案要由管理者和员工协商确定，员工参与可以用其所长，克其所短。同时要遵循以下三个原则。

①方案要以目标为导向。不能为展示个人所长而故弄玄虚。

②方案要具灵活性。应根据不同环境的变化制定应急方案。

③方案要具有可操作性。应保证制定的方案在计划期内，在现有的客观条件下可以操作、实施。

4.明确必要的准备信息

绩效计划通常是通过召开一个管理者与员工进行双向沟通的会议来正式拟订的。为了让会议取得预期的效果，要事先将相应的信息准备好。这些信息一般可以分成以下三类。

（1）关于组织的信息。

在举行绩效计划会议之前，管理者和员工都要回顾组织的战略与计划，保证双方都已对组织的战略与计划很熟悉，以使员工的绩效计划能与组织的战略与计划结合在一起。也许有人会认为，组织的整体发展战略与经营计划只要高层管理者知道就行了，员工没有必要知道。但其实，员工对组织的发展战略与经营计划了解得越多，就越能在自己的工作中保持正确的方向。

（2）关于团队的信息。

组织的整体计划和目标要层层分解成每个团队的计划和目标。不仅经营性的指标要分解到生产、销售等部门，管理事务性的指标也要分解到行政、人力资源等部门，这些部门的工作目标与组织整体的发展战略、经营计划紧密相连。

（3）关于员工个人的信息。

①工作描述的信息。它规定了员工主要的工作职责，结合工作描述制订出的绩效计划可以保证将员工的工作目标和职位的要求联结在一起。

②上一绩效考核期的评价结果。员工在每个绩效考核期间的工作计划和目标通常是连续或相关的，因此在制订本绩效考核期的考核计划时，对上一绩效考核期的评价结果进行回顾是很有必要的。同时，也可以对上一绩效考核期内员工工作中存在的问题和有待改进的方面加以回顾，以便为员工提供进一步的指导和帮助。

关键点提示

管理者在制订绩效计划时，必须明确：

1.绩效计划的类型；2.制订绩效计划的原则；3.绩效计划制订的五个要点；4.必要的准备信息。

2.6　如何进行绩效计划沟通

工作场景描述

当管理者想要与员工进行有效的绩效计划沟通时，可查看。

解读与分析

1.确定绩效计划沟通的内容

管理者在就绩效计划的内容与员工达成共识时，要考虑不同方面的因素，如企业文化、员工素质以及要实现的工作计划和目标特点等。为了达成组织目标，使员工个人的绩效和能力得到提高，管理者就要在与员工进行最初的绩效计划沟通时，让员工了解绩效管理的目的。那么，管理者在与员工进行第一次绩效计划沟通时，应该涵盖哪些方面呢？

（1）绩效管理的主要目的是什么？

（2）绩效管理对员工有什么好处？

（3）企业实施绩效管理的宗旨和方法是什么？

（4）企业进行绩效管理的流程是什么？

同时，员工在绩效计划沟通会议中应知道以下信息。

（1）什么工作是要在计划会议上完成的？

（2）管理者会向员工提供什么信息？

（3）员工自己要提供什么信息？

（4）计划会议上要做出什么决策？要达成什么结果？

（5）员工要做什么样的准备？

在绩效计划沟通会议上，管理者要与员工在绩效管理目标上达成共识，以便为后面各环节的成功操作奠定基础。

2.创造绩效计划沟通的环境和氛围

（1）管理者和员工应腾出一个专门的时间用于绩效计划沟通，双方在这段时间内应该将手中工作放下来以便专心地进行绩效计划沟通。

（2）沟通通常在管理者的办公室中进行，应尽量避免不必要的打扰。因为意外的打扰会使双方的思路中断，严重影响沟通的效果。

（3）沟通的气氛要尽量轻松，不要给员工太大的压力。

3.明确绩效计划沟通的原则

（1）管理者和员工应以一种相对平等的关系进行沟通。

（2）管理者应该承认员工是其工作领域里的专家，因此应让员工发挥其主动性，更多地听取员工的意见。

（3）管理者应与员工一起做决定，而不是代替员工做决定。员工参与的程度越高，制订出来的绩效计划就越完善，绩效管理就越容易成功。

4.遵循绩效计划沟通的步骤

（1）回顾有关的信息。

（2）确定关键绩效指标。

（3）讨论管理者能给员工提供什么帮助。

（4）结束沟通。

在绩效计划沟通会议结束时，应对拟订的绩效计划进行审定，获得以下结果。

①员工工作目标与企业的目标密切相关。

②员工的工作描述已根据环境的变化进行了修改。

③管理者和员工对绩效考核标准、工作职责与权限、人事安排等达成了共识。

④形成了一个经双方协商后拟订的文件。

关键点提示

管理者与员工进行绩效计划沟通时，应从以下方面入手：

1.确定绩效计划沟通的内容；2.创造绩效计划沟通的环境和氛围；3.明确绩效计划沟通的原则；4.遵循绩效计划沟通的步骤。

第3章

绩效辅导常见问题

绩效辅导是管理者与员工讨论工作进展、潜在的障碍和问题、员工取得的成绩以及工作中还存在哪些不足等情况，管理者针对上述情况为员工提供帮助、记录绩效的过程。通过绩效辅导，管理者和员工可以就相关事项达成共识，步调一致，共同进步，共同提高，从而提升组织的整体绩效。管理者通过对绩效计划的实施情况进行监控，不断地获取各种反馈意见，并在必要时给员工提供指导，能够保证员工的工作达到工作标准。同时，通过鼓励员工积极参与讨论、沟通，可保证他们对自己的绩效承担应有的责任。

3.1　如何理解绩效辅导

> **工作场景描述**
>
> 当管理者想了解绩效辅导在绩效管理中的定位和作用时，可查看。

解读与分析

在实际工作中，很多管理者将绩效辅导置于绩效管理全过程的前端或末端实施，大大降低了绩效管理的效率。所以，管理者要明确绩效辅导在绩效管理过程中的定位和作用，这样才能事半功倍，避免误入歧途。

绩效辅导是绩效管理的重要工作，一方面它让管理者（考核人）了解员工（被考核人）绩效的实际完成情况，让双方针对具体问题保持互动与有效沟通；另一方面它让员工始终明确企业和部门的发展目标和方向。在企业或部门的发展目标发生调整时，绩效辅导显得尤为重要。

对于管理者来说，绩效辅导的作用主要体现在以下几个方面。

（1）可以就员工的实际工作情况提供辅导。

（2）可以有针对性地为员工提供相应帮助。

（3）可以帮助员工较快地提升工作能力。

（4）可以有效激励员工达成绩效考核目标。

（5）可以及时了解员工的工作进度。

（6）可以及时了解绩效评价参考指标。

（7）可以对员工做出客观评价。

（8）可以及时评估员工工作的有效性。

（9）可以及时调整对员工进行激励的时机与程度。

（10）可以及时了解员工对工作的满意度。

对于员工来说，及时、客观、准确的绩效辅导，会对自己的工作绩效起到推进的作用。具体体现在以下几点。

（1）可以及时获得自己工作的反馈信息。

（2）可以及时发现自身工作中的问题及不足。

（3）可以及时得到必要的协助。

（4）可以及时获取所需要的资源。

（5）可以亲自参与工作管理。

（6）可以较快提升自己的工作能力。

（7）可以提升自身的绩效管理水平。

（8）可以更好地完自己的绩效目标。

（9）可以及时了解团队及企业相关发展目标调整的信息。

（10）可以快速进入新的工作状态。

（11）可以准确找到自己的工作目标。

关键点提示

绩效辅导在绩效管理中的作用主要体现在两个方面：

1.从管理者角度讲，通过绩效辅导可以保证绩效目标能够按时达成，帮助员工更好地成长；2.从员工角度讲，绩效辅导可以保证员工自己在对的时间做对的事，提高工作效率，更快地达成绩效目标。

3.2 如何设定绩效辅导内容

工作场景描述

当管理者想明确绩效辅导的具体内容时，可查看。

解读与分析

通过绩效辅导，管理者可以帮助员工最大限度地发挥个人潜能，使其高效地达成工作目标。绩效辅导应贯穿绩效管理的整个过程。在绩效辅导的过程中，管理者必须及时、主动地告诉员工其个人的具体表现，使绩效辅导成为一个积极的、主动的、持续的沟通过程。

绩效辅导，一般可以简单理解为：在绩效管理的整个过程中，为了帮助员工达成绩效目标，管理者做出的所有努力。在绩效辅导工作中，因为员工所需要帮助的不同，绩效辅导内容可分为三类：帮助员工纠正不当行为；在知识和能力方面为员工提供帮助；为员工提供人力、物力、权限等资源的帮助。绩效辅导又可以细化为如下内容。

（1）管理者与员工以改善绩效为目标进行的沟通交流。

（2）向员工提供必要的学习培训机会。

（3）更新员工个人绩效。

（4）对项目阶段性进展状况进行总结。

（5）定期召开项目例会及工作总结会。

（6）总结工作过程中对突发事件的处理情况。

（7）对绩效目标或工作计划进行跟踪及修改。

（8）适时肯定和赞扬员工在工作中的有效行为。

（9）及时纠正员工在工作中的无效行为。

（10）合理安排和修改员工的工作职责和工作内容。

（11）及时跟进员工工作内容中关键工作的进展情况。

（12）及时回应员工提出的工作请求、新想法，或为员工提供其他帮助。

一般来说，绩效辅导的最佳时机如下。

（1）当管理者认为采取其他方法可以更好地完成绩效目标时。

（2）当员工被安排新任务或更重要的工作任务时。

（3）当员工在学习培训时。

（4）当员工轮换到新岗位时。

（5）当员工没能完成绩效目标时。

（6）当员工在工作中进取意识不强时。

（7）当员工完成学习培训时。

关键点提示

管理者开展绩效辅导要遵循以下几点原则：

1.绩效辅导内容要因人、因项目、因岗位的不同而灵活设定；2.绩效辅导活动要贯穿绩效管理全程；3.绩效辅导活动要把握时机，方可达到事半功倍的效果。

3.3 如何进行绩效辅导沟通

工作场景描述

当管理者想了解绩效辅导沟通流程时，可查看。

解读与分析

沟通是绩效辅导的核心工作，有效的沟通将大大提高绩效辅导的效率，同时沟通的有效性也反映了管理者的沟通水平。因为在整个绩效沟通中，管理者是沟通节奏的掌控者，也是绩效辅导质量的决定者，所以管理者要重视绩效辅导沟通方面的练习，以便在沟通中做到事半功倍。一般来说，绩效辅导沟通流程主要包括以下几大环节。

1.发现问题

管理者要定时定期有针对性地了解员工绩效目标的进展、工作进度、工作态度等情况，通过观察、分析相关数据等手段及时发现员工工作中存在及可能存在的问题。管理者要有意识地营造良好的沟通氛围，向员工清楚地说明绩效辅导的目的；要通过有效倾听等沟通技巧引导员工积极参与绩效辅导。

2.描述行为

管理者要客观描述员工的相关行为，要向员工明确说明这些行为对于绩效目标的达成可能会产生哪些影响。管理者可以表达感受，但切勿用概括性的语言做总结和推论；要关注员工的想法，让其自觉做到自我分析、自我改变。

3.及时反馈

对于员工积极的行为表现，管理者要针对其具体行为及时真诚地进行表扬，如有必要，可以用嘉奖的方式予以肯定。

4.达成共识

绩效辅导目标达成的关键是考核双方就相关问题达成共识，并进入改进工作、提高技能、提升绩效的良性循环中。因此，每次进行沟通时，管理者与员工都要在需要改善的工作内容、需要提高的知识技能及必要的资源支持等主要方面达成共识。

5.结尾鼓励

鼓励是一种激励。在沟通中，无论员工的工作存在多么严重的问题，都不要苛责员工。在谈话的结尾，管理者要给予员工真诚的鼓励，并表示愿意与其并肩作战，共同进步。

6.形成记录

对于绩效辅导工作中的每一次正式沟通，都需要在事先制成的表格中记录沟通成果，内容包括双方都认同的事项、具体的行动计划、改进的措施；没有达成一致意见的事项也要记录并标明。

关键点提示

绩效辅导沟通的流程包括如下几个环节：

1.发现问题；2.描述行为；3.及时反馈；4.达成共识；5.结尾鼓励；6.形成记录。

3.4 如何使用书面报告方式做绩效辅导

> 工作场景描述
>
> 当管理者想使用书面报告方式做绩效辅导时，可查看。

解读与分析

书面报告方式的绩效辅导，指的是管理者和员工之间以书面报告表为沟通媒介，将工作情况填入表格之内，双方通过表格来完成绩效辅导。

1.使用书面报告方式做绩效辅导的优点

选择使用书面报告方式做绩效辅导，一般是由于考核双方受到时间或空间的限制，不方便进行当面沟通；也可能是因为企业习惯用书面形式来传达工作事项。使用书面报告方式做绩效辅导的优点包括如下几点。

（1）员工需要定期提供书面报告，这样做可以让员工养成做事有条理的习惯。

（2）可以使管理者在短时间内了解员工的工作进展情况。

（3）书面的辅导内容相对严谨、准确，便于保存和反复查看。

（4）考核双方不再受到空间和时间的限制，可以及时沟通。

2.使用书面报告方式做绩效辅导的缺点

虽然上面罗列了书面报告形式的很多优点，但是在实际工作中，使用书面报告这种方式做绩效辅导，仍有诸多不足之处。下面将结合如何规避书面报告绩效辅导的缺点来阐述这种绩效辅导形式的一些使用方法。

（1）书面报告需要整理大量的文字信息，无疑会占用员工较多的时间和精力，会引起员工的抵触情绪。因此，管理者要规避这一点。在实际工作中，设计表格时要以简单、实用为原则，表格中只填入重点的、必要的内容，其他相关细节可使用诸如电话、视频软件、QQ、微信等沟通工具进行沟通，也可以产生很好的效果。

（2）当员工得不到及时的信息反馈时，书面报告就会演变成员工的单向汇报，失去了沟通、探讨的作用。要规避这一点，管理者应对员工递交的书面报告做出及时的反馈。必要的时候，可以结合面谈、电话、会议等沟通形式与员工交流，以保证信息的及时传递。

3.使用书面报告方式做绩效辅导的步骤流程

使用书面报告做绩效辅导，一般可以按如下步骤进行。

（1）员工根据书面报告表要求将相关内容填写完整后，交到管理者处。

（2）管理者接到员工填写的书面报告后，认真审读并提出相关意见。

（3）员工认真阅读管理者提出的书面意见后，对其中有疑问的地方及时向管理者反馈。

（4）考核双方确认对书面报告均无疑义后，在规定时间内，将书面报告提交到人力资源部。

4.绩效辅导书面报告表填写说明

填写绩效辅导书面报告表中的各项内容时，要注意以下几点。

（1）“被考核人工作情况自述”栏中的内容由员工填写，应包含两个方面，一是对近期工作绩效完成情况所做的自我评价；二是总结取得的成绩和存在的问题，在存在的问题方面要详述。

（2）“被考核人下一步工作计划”栏中的内容由员工填写，主要是对下一步工作计划的具体陈述，应包含工作内容、工作成果交付时间以及所需的支持等内容。

（3）“考核人评价意见”栏中的内容由管理者填写，应包含管理者对员工的工作进展自述和工作计划安排所做的评价和提供的建议，如关于工作改进的建议、技能提升的建议及可以提供的必要支持等。

（4）“被考核人意见”栏中的内容由员工填写，应包含对管理者所提建议的反馈，对自己的工作计划、工作内容等的进一步修改和补充。

绩效辅导书面报告表（模板）

绩效周期		被考核人所在部门	
考核人		被考核人	
考核人职位		被考核人职位	
被考核人工作情况自述			
被考核人下一步工作计划			
考核人评价意见			
被考核人意见			
考核人签字： 日期：		被考核人签字： 日期：	

关键点提示

使用书面报告方式做绩效辅导时，应了解：

1.使用书面报告方式做绩效辅导的优点；2.使用书面报告方式做绩效辅导的缺点；3.使用书面报告方式做绩效辅导的步骤流程；4.绩效辅导书面报告表填写说明。

3.5 如何使用一对一面谈方式做绩效辅导

工作场景描述

当管理者想使用一对一面谈方式做绩效辅导时，可查看。

解读与分析

一对一面谈绩效辅导，是指管理者与员工双方在特定的时间和空间就工作绩效问题进行交流沟通，并在问题的解决方案上达成共识的绩效辅导活动。

一对一面谈方式比较适合如下三种情况：其一，企业比较尊重员工隐私；其二，管理者所负责的员工人数相对较少；其三，某员工工作中存在的问题比较严重。管理者应根据实际情况灵活开展一对一面谈绩效辅导。绩效辅导的内容、结果可以采用固化的一对一面谈绩效辅导记录表来记录。

1.一对一面谈绩效辅导的优点

一对一面谈绩效辅导有以下优点。

（1）一对一面谈可以让员工感到自己被重视、被关注，拉近考核双方的心理距离，有利于营造愉快、融洽的沟通氛围，也让日常工作变得轻松、有效率。

（2）私密的空间有利于考核双方进行深入沟通与讨论，提高工作效率。

（3）管理者可以就员工的实际情况给出具有针对性的辅导方案，有利于员工在短时间内提高工作绩效。

2.一对一面谈绩效辅导的缺点

一对一面谈绩效辅导的缺点包括以下两点。

（1）一对一面谈需要双方提前准备好相关问题的信息资料，如果信息资料准备不充分，会导致面谈时间增加、面谈效率降低。要规避这个问题，双方都要重视前期的资料准备工作。

（2）一对一面谈有时候会让员工产生一种心理压力，尤其是当员工工作表现不佳或者存在较多问题时。要规避这个问题，管理者可以以鼓励性话语做开场白，让沟通气氛变得轻松，这样员工更容易进入面谈状态。

3.一对一面谈绩效辅导的内容

一对一面谈绩效辅导的内容会因为员工的情况不同或者部门的考核目标不同而有所差异，但是总的说来，一对一面谈绩效辅导的主要内容应该包括如下几点。

（1）工作进度陈述。

通过分析员工对自己工作进度所做的陈述，管理者可以较直观地了解员工的工作情况，可以快速了解员工当前工作绩效的完成情况，为绩效辅导提供切实客观的参考信息。

（2）工作行为反馈。

通过查看员工工作行为的反馈内容，管理者可以了解员工的工作行为，并对其认同的工作行为给出积极的、肯定的评价，对不认同的行为提出改进的建议，这将使员工清楚地了解自己行为的真实情况，有利于绩效辅导工作的开展。

（3）下一阶段工作计划。

下一阶段工作计划是考核双方经过深入沟通后而拟订的。通过下一步工作计划，管理者可以了解员工对工作绩效的理解是否正确，同时还可以明确员工需要的相关支持和帮助。

4.一对一面谈绩效辅导的操作步骤

一对一面谈绩效辅导可以按照以下步骤来实施。

（1）考核双方按照规定的时间进行一对一面谈。

（2）在一对一面谈绩效辅导过程中，双方就谈话中可落实的事项，按照绩效辅导记录表的要求，共同填写内容。

（3）考核双方在绩效辅导记录表上签字确认后，在规定时间内交到人力资源部。

（4）人力资源部负责绩效辅导记录表的检查和存档工作。

5.一对一面谈绩效辅导工作的注意事项

管理者在使用一对一面谈做绩效辅导时，应注意以下几点。

（1）应把握绩效辅导的最佳时机，即在员工最需要帮助、激励时实施绩效辅导。

（2）考核双方探讨的应是员工在工作中真实发生的问题，管理者不应凭主观猜测或者在没有事实依据的情况下做出不切实际的评价。

（3）面谈中要始终坚持双向沟通的基本原则，不应出现只有管理者一方下达指令的情况。管理者要通过话题引导的方式鼓励员工说出自己的真实想法，包括员工不满意的地方。

（4）面谈中，当员工出现错误的想法和行为时，管理者应及时纠正并做记录，将其作为重点指正的对象，以加深员工对自己错误想法和行为的认识；对于员工出现的明显的原则性错误，管理者应客观给予指正；对于那些模棱两可的问题，管理者应当以双向沟通的原则与员工共同探讨。

（5）面谈中，管理者应多使用非语言的沟通技巧，做到有效倾听。

6.一对一面谈绩效辅导记录表的填写说明

一对一面谈绩效辅导记录表的填写需要注意如下几点。

（1）“被考核人绩效目标及工作进展情况”一栏由员工填写，内容应包含员工当前工作进度及所做工作好的方面和需要改进的地方等。

（2）“绩效辅导内容”一栏由管理者填写，内容应包含员工工作中值得称赞的地方和不足之处，以及需要为员工提供的相关帮助和支持等。

（3）“改进措施”一栏由员工填写，内容应包含员工下一阶段的工作计划，包括时间计划、所需资源（协助资源可以写得详细一些）等。

（4）“需要其他部门支持”一栏由管理者填写，内容应包含所需支持的具体部门及必要的培训学习机会等。

（5）“被考核人意见”一栏由员工填写，内容应包含员工对于绩效辅导的一些想法、建议或对工作问题的进一步解释说明等。

一对一面谈绩效辅导记录表（模板）

绩效辅导时间		被考核人所在部门	
考核人		被考核人	
考核人职位		被考核人职位	
被考核人绩效目标及工作进展情况			
绩效辅导内容			
改进措施			
需要其他部门支持			
被考核人意见			
考核人签字： 日期：		被考核人签字： 日期：	

关键点提示

使用一对一面谈方式做绩效辅导时，应了解：

1.一对一面谈绩效辅导的优点；2.一对一面谈绩效辅导的缺点；3.一对一面谈绩效辅导的内容；4.一对一面谈绩效辅导的操作步骤；5.一对一面谈绩效辅导工作的注意事项；6.一对一面谈绩效辅导记录表的填写说明。

3.6　如何使用会议沟通方式做绩效辅导

工作场景描述

当管理者想使用会议沟通方式做绩效辅导时，可查看。

解读与分析

会议沟通绩效辅导，是指管理者以召开绩效沟通会议的形式来实施绩效辅导，管理者和员工通过共同探讨绩效完成情况、工作中存在的问题、提升绩效能力的方法等内容达到绩效辅导的目的。

会议沟通绩效辅导方式一般适合如下几种情况：其一，企业文化倡导公开性的交流沟通；其二，管理者同时负责多名员工的绩效辅导工作；其三，管理者用来做绩效辅导的时间有限；其四，员工的工作相互间具有一定的协作性或者相关性；其五，现实情况要求特定几名员工之间进行绩效信息共享、共同探讨，以提升绩效管理效率。

1.会议沟通绩效辅导方式的优点

会议沟通绩效辅导方式有以下优点。

（1）通过绩效沟通会议，可以让团队成员彼此了解相关工作进展情况，有效避免信息不对称造成沟通成本增加的情况发生，提高团队成员之间的默契度和配合度。

（2）通过绩效沟通会议，管理者可以及时向员工传达诸如企业或团队绩效目标调整等重要信息，提高员工和团队的工作效率。

（3）多人聚合可形成“头脑风暴效应”。团队成员共同研究讨论工作内容，从各抒己见到达成一致意见，管理者的绩效辅导工作将事半功倍。

2.会议沟通绩效辅导方式的缺点

会议沟通绩效辅导方式有以下缺点。

（1）会议沟通的特点是人数多，具有公开性，所以涉及个别员工的问题，尤其是隐私问题，不适合在会议场合中交流讨论。要规避这个问题，管理者可以和员工在会议召开之前或结束之后就相关问题进行单独沟通。如果涉及的隐私问题较多，可以采取一对一面谈的方式进行绩效辅导。

（2）会议沟通方式的绩效辅导对参会人员的沟通能力要求较高。如果参会人员的沟通能力较弱，会议时间就会拖延，也达不到深度沟通的目的。规避这个问题需要管理者在会议召开之前对员工做系统的沟通能力培训。

（3）沟通会议涉及人员较多，会议时间较长，可能会影响一些人的工作。规避这个问题需要组织会议的人员和员工协商好时间，也可以利用现代沟通工具，如视频会议、网络会议等来协调和节省时间。

3.会议沟通绩效辅导操作步骤

会议沟通绩效辅导可以按照如下步骤进行。

（1）管理者拟订绩效辅导会议的主题、内容、时间、地点，并将此信息通知相关员工。

（2）会上，管理者要把控好会议主题和内容方向，掌控好会议节奏。在会议的第一阶段，要让员工明确自己当前工作中存在的问题及接下来要努力的方向，并取得大家的共识。

（3）在会议的第二阶段，管理者要明确在执行下一阶段工作任务时各个员工需要的资源和支持及其工作中需要改进的地方，并在会议记录上做明显的标记，以备后续跟踪监管。这一阶段仍然需要取得大家的共识，形成一致意见。

（4）要严格按照绩效辅导会议纪要表的要求填写内容，并在规定时间内统一交人力资源部审查和存档。

4.绩效辅导会议纪要表填写说明

填写绩效辅导会议纪要表时，需要注意以下几点。

（1）在“会议主题”一栏中，要简明扼要地写清楚此次会议的主题内容。

（2）在“会议议程”一栏中，要将会议讨论的相关问题分条目列出，标记重要事项，以备后期查看。

（3）在“会议内容”一栏中，应记录各个员工的工作进展情况、会议中沟通或讨论的结果等内容。

（4）在“行动计划”一栏中，应记录会议上大家一致认可的行动计划，要写明行动计划的实施时间、完成期限、要达成的目标、相关责任人等。

（5）在“参会人员（签字）”一栏中，需要所有的参会人员签字。

绩效辅导会议纪要表（模板）

<table>
<tr><td>会议时间</td><td></td><td>主持人</td><td></td></tr>
<tr><td>会议地点</td><td></td><td>考核人</td><td></td></tr>
<tr><td>考核人部门</td><td></td><td rowspan="2">参会成员</td><td rowspan="2"></td></tr>
<tr><td>考核人职位</td><td></td></tr>
<tr><td>会议主题</td><td colspan="3"></td></tr>
<tr><td>会议议程</td><td colspan="3"></td></tr>
<tr><td>会议内容</td><td colspan="3"></td></tr>
<tr><td>行动计划</td><td colspan="3"></td></tr>
<tr><td>参会人员（签字）</td><td colspan="3"></td></tr>
</table>

关键点提示

使用会议沟通方式做绩效辅导时，应注意：

1.在召开会议之前，通知所有参会人员做好参会准备，确保会议按时召开；2.参会人员的问题会因人而异，对于不适合在会上公开讨论的问题，要私下一对一面谈解决；3.可以创新会议沟通方式，比如可以利用视频会议、网络会议等；4.做绩效辅导工作不能敷衍了事，要及时对会议确定的事项的执行情况进行跟踪。

3.7 如何营造绩效辅导沟通氛围

工作场景描述

当管理者想系统了解营造沟通氛围的技巧以提高绩效辅导的效率时，可查看。

解读与分析

一个好的沟通氛围应该是轻松、坦诚、朋友式的。作为绩效辅导的实施者，管理者需要重视沟通氛围的营造。好的沟通氛围可以使员工心情放松，更容易、更快地理解、接收管理者的意见；相反地，紧张、压抑的沟通氛围会使员工心情低落，有压力，不利于考核双方的信息沟通。管理者要营造良好的沟通氛围，可以从如下几点入手。

1.注意平时工作氛围的营造

绩效辅导工作是企业日常工作的一部分，绩效辅导沟通氛围也是企业日常工作氛围的体现。所以，一个良好的沟通氛围实际上是企业整体工作氛围的缩影，作为管理者应关注企业的整体工作氛围给员工工作情绪带来的影响。

在企业日常的工作中，管理者应该把员工当作合作伙伴，坦诚相待、彼此信任、互相帮助。可以在平日里多举办一些能够增进团队感情的集体娱乐活动。另外，在企业内要建立体现公平和公正的企业文化。

2.注意沟通环境方面的要求

绩效辅导沟通的环境应该是安静、明亮的。双方在谈话过程中，要避免电话、访客等外来因素的干扰。在座位的安排上，应选择环形办公桌比邻的座位，避免出现座位相对的情况。

3.注意谈话氛围的营造

事实上，一段良好的沟通过程都是以双方互相肯定、附带建议的方式进行的。所以管理者在与员工交谈时要善于发现对方的优点，多加肯定，不要吝惜赞美之词。对员工工作的肯定要贯穿于整个绩效辅导沟通工作的全过程。在结束沟通时，也要用鼓励性话语。

关键点提示

管理者营造绩效辅导沟通氛围主要从以下三点入手：

1.注意平时工作氛围的营造；2.注意沟通环境方面的要求；3.注意谈话氛围的营造。

3.8 如何在绩效辅导沟通中做到有效倾听

工作场景描述

当管理者想在绩效辅导沟通中做到有效倾听时，可查看。

解读与分析

绩效辅导是一个双向沟通的过程。从管理者角度讲，与员工沟通的一个重要手段就是有效倾听，通过倾听可以了解员工内心真实的情况；从员工角度讲，来自管理者的认真倾听，会让员工产生一种被尊重和被认可的感觉。所以有效倾听是绩效辅导沟通中双方产生良性互动的开始。

如何实现有效倾听呢？管理者应该注意掌握以下几个技巧。

1.表现专注

管理者可以通过认真的表情、眼神的接触、不时地点头、偶尔用笔记录谈话内容等身体语言，向员工传递自己对谈话感兴趣的信号，鼓励员工以轻松的心情表达真实的想法。

2.认真听完

打断对方的谈话或者不等对方说完就盲目下结论，都是不好的沟通表现。在绩效辅导过程中，管理者应尽量等员工将话讲完再发表自己的观点。管理者也可以提前要求员工把重点问题说清楚，避免员工因为讲话被打断而产生不耐烦的情绪。如果团队成员有讲话拖沓、重复等问题，管理者可以安排沟通表达技巧方面的培训活动，来提高团队成员的语言表达能力。

3.及时回应

在沟通过程中，管理者要及时回应员工的讲话，比如在员工发表观点时，不时插入“哦”“是的”“没错”“这个有意思”“我明白了”等，也可以用“说一说，大家可以讨论下”“我想了解一下你的想法”“这个我很感兴趣”等话语来鼓励员工多发表自己的观点。及时回应也可以是微表情上的肯定，如适时地点头、微笑等。这些回应对员工来说是一种很有力量的鼓励。

4.适时复述

一个善于沟通的人，能够适时地总结对方的观点并复述出来，比如：“我注意到，你刚才说……，我想你的真实意思是……”“你刚才说的……，我理解得对吗？”等。这样一来可以让对方感到自己被重视，激发对方的谈话兴趣；二来可以增加对方对自己的好感，使整个谈话过程充满愉快的气氛，沟通效率也大大提高。

5.寻找共鸣

一次双方有共鸣的沟通过程，必然会让沟通双方产生找到知己的心理快感。管理者如果善用激发共鸣的沟通技巧，必然会激发员工的沟通热情。如员工在表达观点时，管理者可以对自己认同的部分表示肯定并给出自己的看法等。

关键点提示

管理者要想在绩效辅导沟通中做到有效倾听，需要做到以下几点：

1.表现专注；2.认真听完；3.及时回应；4.适时复述；5.寻找共鸣。

3.9　如何实施绩效辅导检查

工作场景描述

当人力资源部想实施绩效辅导检查时，可查看。

解读与分析

有检查才有落实执行，有检查才能更好地追踪结果。为了保证绩效辅导能够有效实施，需要对相关部门的绩效辅导工作开展以管理机制为基础的检查。因此，作为绩效管理的责任方，人力资源部应对绩效辅导的实施情况进行有效检查，并评估各部门绩效辅导工作的质量，及时修正不良的绩效辅导行为。

绩效辅导的检查工作，主要从如下三个方面入手。

1.检查绩效辅导工作书面记录表

在进行绩效辅导工作检查时，应以如绩效辅导书面报告表、一对一面谈绩效辅导记录表以及绩效辅导会议纪要表等记录表内容为中心展开。相关记录表是企业管理者、人力资源部、考核人、被考核人之间的桥梁，为相关方掌控绩效辅导工作提供客观依据。通过记录表，相关人员可以翔实了解绩效辅导工作的进度和质量，所以要重视绩效辅导工作记录表内容的填写和检查。检查人在检查完绩效辅导记录表的内容后，可以将检查结果以表格形式呈现。

一般来说，在对绩效辅导工作书面记录表进行检查时，主要检查以下三点。

（1）完整性。

在开展绩效辅导工作的过程中，如果考核双方的交流情况是按照企业的要求进行的，那么书面记录表的内容应能完整反映绩效辅导工作的真实情况。如果书面记录表的内容不完整，一般可以推断绩效辅导工作可能存在敷衍了事、走过场等情况。可以说，书面记录表内容的完整性是评价绩效辅导工作质量的标准之一。

（2）及时性。

关于绩效辅导工作的时间安排，每个企业都有自己的规定，如规定每月15号前做绩效辅导，当月20号前上交绩效辅导工作记录表等。一般情况下，检查人可以利用绩效辅导工作结束至绩效辅导工作记录表上交之间的空档做检查，这样可以了解有关部门是及时完成绩效辅导工作，还是简单地填表、走走形式而已。

（3）有效性。

绩效辅导工作记录表的作用在于督促考核双方以改善绩效为中心，对现实工作做出改进和努力。检查人可以通过审阅记录表的内容是否真实、是否有具体的工作方面的改进建议与方案等，来判断绩效辅导工作的有效性。

绩效辅导书面记录检查记录表（模板）

考核人	被考核人	所属部门	检查人	绩效辅导书面记录情况			综合评价
				完整性	及时性	有效性	

2.与被考核人面谈

检查人除了检查书面记录表之外，还应定期与一些被考核人进行面谈，以检查绩效辅导是否如实开展。对于被考核人的抽查对象，可以重点选择以往绩效辅导记录经常出现问题或者绩效辅导工作做得不够好的部门。检查人与被考核人的面谈内容应填入被考核人访谈记录表中。

检查人与被考核人面谈的内容，应包括如下几点。

（1）被考核人是否在企业规定时间内接受考核人的绩效辅导？

（2）被考核人与考核人所填写的绩效辅导记录表是否真实？

（2）被考核人如何理解绩效辅导及其对工作的作用？

（4）被考核人认为考核人的绩效辅导是否有用？

（5）被考核人认为考核人的工作有需要改善的地方吗？

（6）被考核人认为企业的绩效辅导工作有哪些需要改进？

被考核人访谈记录表（模板）

<table>
<tr><td>检查人</td><td></td><td>检查时间</td><td></td></tr>
<tr><td>访谈时间</td><td></td><td>被考核人所在部门</td><td></td></tr>
<tr><td>考核人</td><td></td><td>被考核人</td><td></td></tr>
<tr><td>考核人职位</td><td></td><td>被考核人职位</td><td></td></tr>
<tr><td>访谈内容</td><td colspan="3"></td></tr>
<tr><td>被考核人意见</td><td colspan="3"></td></tr>
<tr><td>检查人意见</td><td colspan="3"></td></tr>
<tr><td colspan="2">检查人签字：
日期：</td><td colspan="2">被考核人签字：
日期：</td></tr>
</table>

3.与考核人面谈

检查人的面谈检查除了要面向被考核人外，还应面向考核人，以了解考核人的真实想法。检查人与考核人面谈的内容应记录在考核人访谈记录表中。

检查人与考核人面谈的内容，至少应当包括如下几个方面。

（1）考核人是否按时实施绩效辅导？

（2）考核人是否有需要企业帮忙解决的困难？

（3）考核人对企业的绩效辅导工作流程有什么建议？

（4）考核人对被考核人的工作能力和态度有什么看法？

考核人访谈记录表（模板）

检查人		检查时间	
访谈时间		考核人所在部门	
考核人		考核人职位	
被考核人员名单			
访谈内容			
考核人意见			
检查人意见			
检查人签字： 日期：		考核人签字： 日期：	

关键点提示

绩效辅导检查工作主要从如下三个方面入手：

1.检查绩效辅导工作书面记录表；2.与被考核人面谈；3.与考核人面谈。

第4章

绩效考核实施常见问题

绩效考核，是指管理者对照工作目标和绩效标准，采用科学的考核方法，评定员工的工作任务完成情况、员工的工作职责履行程度和员工的发展情况，并将评定结果反馈给员工的过程。许多管理者将绩效考核的理念引入工作中，但在实际考核时，却常与员工产生争执。这是最糟糕的事情。原因不在于考核的理念是否得到了实施，而在于管理者有没有制定恰当的绩效考核标准。在进行员工绩效考核的过程中，如果缺乏相应的考核标准，绩效考核将会陷于困境。

4.1　如何制定合适的绩效考核制度

工作场景描述

当管理者想根据企业所处的环境和自身特点设定合理的绩效考核制度时，可查看。

解读与分析

在现实中，我们常常看到这样的现象：企业设立的绩效考核制度完善，考核标准明确，考核程序规范，考核方法先进，但考核依然难以落实。究其原因，主要还是“环境和土壤”方面的问题：管理者在设计绩效考核制度时，没考虑到企业自身的文化、氛围和发展阶段等因素。在设立绩效考核制度时，管理者一定要考虑企业自身的特点和环境等方面的影响。

1.不同的企业文化需要不同的绩效考核制度

不同的企业文化需要不同的绩效考核制度与之相适应。企业文化是企业在长期运作中逐步形成的群体意识以及由此产生的行为规范。所以每个企业都会有它独特的文化，这种文化往往是通过组织运行和员工行为体现出来的。

企业中一般会同时存在两种文化。一种是职能型文化，又叫纵向文化；另一种是流程型文化，又叫横向文化。

职能型文化更强调明确的组织结构与工作职责，以及严格的汇报关系；绩效考核比较注重结果和产出，通常采用“强制性排序”来评定员工的工作绩效；考核主体多为员工的直接主管，强调员工对上级负责，对工作目标和责任负责。而流程型文化强调以客户需求为导向，采用的多是以团队为基础、相互配合的组织结构；绩效考核不仅关注结果，也关注对客户产生直接影响的行为，一般采用360度考核方法；强调员工对客户满意度和团队目标的实现负责。具体见下表。

职能型文化（纵向）	流程型文化（横向）
决策制定由职能需要决定	决策制定由客户和流程需要决定
各职能部门间联系较少	各职能部门间广泛联系
大多数人只知道自己职能部门的情况	员工知道组织的总体情况及有合作关系的部门的情况
职能部门间是对立关系	职能部门间是合作关系
某一职能部门的考核与其他职能部门无关	考核反映了部门对客户的贡献及对整个组织的贡献
某一职能部门的业绩与其他职能部门无关	某一部门只有在整个组织运作良好时才有好的绩效
只有工作结果被纳入考核管理	工作结果和工作过程都被纳入考核管理
只有在出问题时才检查考核系统	不断分析改进考核系统
各职能部门间不共享信息	各职能部门间共享信息
部门主管不许本部门员工和其他部门员工直接商议以解决问题，要层层上报	部门主管鼓励本部门员工与其他部门员工直接商议以解决问题
普通员工无权参与决策，或只能参与处理与自身相关的问题	各层都有跨职能组，频繁讨论重要问题
员工因对职能有贡献而被奖励	员工因对组织有贡献而被奖励

2.企业不同的发展阶段需要不同的绩效考核制度

在不同的发展阶段，企业也需要不同的绩效考核制度与之相适应。1983年，美国的奎因和卡梅隆将企业的生命周期简化为以下四个阶段，对各个阶段绩效考核制度的设定也都作了相应说明。

（1）创业阶段。

①企业创建者多为技术人员或市场人员，注重以技术或市场为导向，并不重视管理活动。

②企业分工不明确，无正式的、稳定的组织结构。

③通常将适当的薪酬或股权作为每日长时间工作的回报。

④要靠创业者亲自监督、控制企业内部活动。

⑤企业往往没有成文的规定或无需建立绩效考核制度，考核任务由创业者自己承担。

（2）集合阶段。

①建立了按职能划分的组织结构，员工有较明确的职责和分工。

②建立了主要的管理制度，财务、销售、生产管理有了相应的管理制度和规定。

③绩效考核制度和考核标准逐步建立，部分人可以代替创业者直接实施监督职能。

（3）正规化阶段。

①实行分权制的组织结构，将日常经营权下放到较低的管理层。

②高层主管主要从事战略、财务、人事等方面的决策工作，以及处理企业的例行性事务。

③组织结构强调专业化、制度化、规范化，规章制度进一步健全并得到严格执行。

④对员工的考核和激励不再仅凭领导个人的感情或印象，而是依靠正规、客观的考核制度和奖惩制度。

（4）精细阶段。

①采用矩阵式的组织结构。

②团队工作方式得到极大丰富，企业除了固定的职位外，还出现了大量基于流程和团队要求设计的职位。

③企业的绩效评价不仅关注员工的个人绩效，更关注团队的整体绩效，逐步形成基于团队绩效的考核制度与规范。

由于不同的企业具有不同的文化氛围，而且同一企业所处的发展阶段不同，需要有不同的绩效考核制度与之相适应，所以管理者应充分分析本企业的特点和企业所处环境的变化，制定出真正为企业所需的有效的绩效考核制度。

关键点提示

管理者在为企业确定适用的绩效考核制度时，要注意以下两点：

1.不同的企业文化需要不同的绩效考核制度；2.企业不同的发展阶段需要不同的绩效考核制度。

4.2 如何确定绩效考核要素

工作场景描述

当管理者想要确定适合企业的绩效考核要素时，可查看。

解读与分析

绩效考核要素是绩效考核的基本组成单位，是对被考核者在工作中的各项要求。制定绩效考核标准，首先就要找出绩效考核要素。下面介绍几种寻找绩效考核要素的方法。

1.工作分析法

工作分析法，是指从不同员工的职业生涯和职业活动调查入手，依次分析职位、职务、职责、工作条件、员工综合能力等诸要素，并由此而确定工作的性质、要求和任职条件的方法。

工作分析的主要内容有两个方面。

（1）对员工职务的说明，包括不同种类员工的工作性质、责任，开展工作需要的各种资料、工作环境、社会环境，以及与其他工作的关联程度等。

（2）对员工个人的要求，包括员工完成工作应具备的智力水平、专业知识、工作经验、工作技能等。

在工作分析法中，最重要的是分析从事某一职位的员工应具备哪些工作技能，履行的职责应以什么指标来评价，同时要区分在评价中哪些要素更重要、哪些相对不那么重要。

2.个案研究法

个案研究法，是指对某一个体、群体或组织在较长时间里连续进行调查研究，并从典型的个案中推导出普遍规律的方法。应根据测评的目的、对象，选择若干有代表性的典型人物作为调研对象，通过对他们进行系统的观察和访谈来分析确定考核的要素。

较常用的个案研究法有典型人物研究和资料研究两大类。

典型人物研究：以典型人物的工作情况、行为表现、工作业绩为研究对象，通过对它们的系统观察、分析研究来归纳总结它们所代表群体的考核要素。

资料研究：以记载典型人物或事件的相关文字材料为研究对象，通过对资料的总结、对比、分析，归纳出考核要素。例如，日本人从《孙子兵法》中提炼出现代企业领导者应具备的智、信、仁、勇、严五种素质。

（1）智：领导者要能聪明而有智慧地对事情做出准确的判断和及时合理的决定。

（2）信：领导者要信任下属，并能获得下属的信任。

（3）仁：领导者要把下属的事情放在心上。

（4）勇：领导者要有勇气，处事果断。

（5）严：领导者要遵纪守法，赏罚分明。

3.问卷调查法

问卷调查法，是指设计者根据需要，把调查的内容设计在一张调查问卷上，写好填写说明和要求，发给有关人员填写。这是一种收集和征求不同人员意见的调研方法。调查问卷的设计应简单明了、表述正确，让被调查者能自行选择答案。调查的问题应设计得直观、易懂，调查项目不能过多，要尽量减少被调查者的回答时间，以免降低调查问卷的回收率，影响调查质量。

调查问卷按答案的形式可以分为开放式问卷和封闭式问卷。开放式问卷没有标准答案，被调查者可以按照自己的意愿自由回答。例如：你认为该岗位的员工应具备的最重要的能力是什么？

封闭式问卷的答题方法可分为是非法、选择法、排列法、计分法。

（1）是非法。问卷列出若干问题，由被调查者回答“是”或“否”。

（2）选择法。被调查者必须从两种并列的假设中选出一项。

（3）排列法。被调查者要把多种可供选择的方案按重要性排出次序。

（4）计分法。问卷列出几个等级分数，要求被调查者进行判断选择。

4.专题访谈法

专题访谈法，是指通过面对面的谈话、口头沟通直接获取有用信息的方法。

研究者通过汇总访谈得到的资料，可以获取很多宝贵的信息。访谈法有个别访谈法和群体访谈法两种。这两种方法各有优势：个别访谈法形式轻松、气氛活跃，可以快速获取信息；群体访谈法以座谈会的形式进行，可以集思广益，有利于部门的团结。

5.经验总结法

经验总结法，是指由专家通过总结经验，提炼出规律的研究方法，一般可以分为个人总结法和集体总结法。

个人总结法是请人力资源专家或由人力资源部的员工回顾过去的工作情况，通过分析最成功或最不成功的决策案例来总结经验，并以此为基础设计出考核员工业绩的要素。

集体总结法是请若干名人力资源专家或6~10名企业内相关部门的管理者，集体回顾过去的工作情况，分析表现优秀员工和表现较差员工之间的差异，列出需长期考核的常用指标，并以此为基础列出考核要素。

关键点提示

管理者可运用下述方法确定绩效考核要素：

1.工作分析法；2.个案研究法；3.问卷调查法；4.专题访谈法；5.经验总结法。

4.3 如何设计绩效考核标准

工作场景描述

当管理者想要设计绩效考核标准时，可查看。

解读与分析

绩效考核的标准犹如一把“标尺”，只有使用好这把“标尺”，才能客观评判员工的工作表现和工作业绩。通常“标尺”的设计应从考核要素、考核指标、考核标度三方面着手。

1.考核要素

考核要素是对被考核者在工作中的各项要求，一般可以通过工作分析法、个案分析法、问卷调查法、专题访谈法、经验总结法来确定。上一节中已经做了阐述。

2.考核指标

考核指标从不同角度有不同的分类方式。

以考核指标揭示的内涵来分，有客观指标、主观指标、半客观半主观指标三种。例如：产品合格率、次品率等都属于客观指标；工作重要性、员工工作积极性等就属于主观指标；而试验中确定的平均工作时间等就是半客观半主观的指标，因为这些指标反映的内容和结果既受客观因素影响又受主观因素影响。

从考核指标的表现形式看，可分为评语短句式指标、设问提示式指标和方向指示式指标。

（1）评语短句式指标。这种指标是要对所考核的要素做出优劣、好坏、是非、大小、高低等评论与判断。所用的句子主要是叙述句、议论句，句中含有一个以上的变量词。例如："用词准确性"是"语言表达能力"的一个考核要素。

（2）设问提示式指标。这种指标是用提问的方式来提示考核者把握考核要素的特征。如下表所示：

考核要素	考核指标	考核标度				
		优	良	中	可	差
协调性	①合作意识 ②见解想法 ③自我本位感					

（3）方向指示式指标。这种指标只规定了从哪些方面去考核，并没有规定具体的考核指标和标度，而是让管理者自己去把握。显然它只是为考核指明了方向。如下表所示：

考核要素	考核指标	考核标度
业务经验	要从应聘者曾从事的业务年限、业务熟悉程度、有无工作成果等方面进行考核	根据具体情况来把握

3.考核标度

（1）量词式标度。这种标度是用一些带有程度差异的形容词、副词等修饰的词组揭示有关考核指标的状态、水平变化与分布情形。例如：好、较好、一般、较差、差。

（2）等级式标度。这种标度是用一些等级顺序明确的词、字母或数字来揭示考核指标的状态、水平变化。例如："优、良、中、差""甲、乙、丙、丁""1、2、3、4"等。

（3）数量式标度。这种标度是用分数来揭示考核指标水平变化。它有离散性和连续性两种。

离散性标度，如下表所示：

考核要素	考核指标	考核标度
综合分析能力	能抓住实质，分析透彻	10分
	接触实质，分析较透彻	5分
	抓不住实质，分析不透彻	0分

连续性标度，如下表所示：

考核要素	考核标度				
	5—4.5	4.4—4	3.9—3.5	3.4—3	3分以下
协作性	合作无间	肯合作	尚能合作	偶尔合作	我行我素

（4）定义式标度。这种标度是用文字规定各个标度的范围和级别差异。如下表所示：

考核项目		五级标度定义				
	要素	A	B	C	D	E
1	遵守纪律和规章制度的情况	有乱纪行为，组织性差	偶尔有违纪现象，组织性较差	能遵守制度，较少违纪	自觉遵守，纪律性较强	模范遵守，组织性强
2	与同事相处的情况	心胸狭窄，不合群	合群性较差	对不同意见者不主动团结	善于与他人合作	主动帮助别人，宽宏大量
3	掌握专业知识的程度	缺乏本专业知识	对专业知识粗浅了解	掌握一般的专业知识	较好掌握专业知识	深入掌握专业知识

续表

考核项目		五级标度定义				
4	口头表达能力	讲话含糊，意思不清	基本能表达本意但缺乏条理	词能达意，有一定条理	抓住要点，语言简练	有出色的谈话沟通技巧
5	工作是否有上进心	没有上进心	上进心不强	有上进心，能完成工作	有较强的上进心，积极工作	积极进取，能克服困难

关键点提示

设计绩效考核标准需要明确以下几点：

1.考核要素；2.考核指标；3.考核标度。

4.4　如何衡量绩效考核标准的有效性

工作场景描述

当管理者要衡量企业绩效考核标准是否合理有效时，可查看。

解读与分析

什么是有效的绩效考核标准？一个有效的绩效考核标准必须具有合理性、准确性、完整性、时效性、协调性、可量化性等。具体来讲，绩效考核标准的有效性体现在以下方面。

1.绩效考核标准是唯一的

绩效考核标准应依据工作本身来制定，不论是谁在做这项工作。绩效考核标准只应当有一套，而非每个员工一套。它和绩效目标不同。绩效目标是为个人而制定的，而不是为工作制定的。所以，管理者只应制定出一套绩效考核标准，但对他的每位下属可设定不同的绩效目标，这些目标应根据个人的经验、技术等的不同而有所不同。

2.绩效考核标准是可以达成的

绩效考核标准应是被考核者能够达到的，绩效考核的项目应是通过部门或员工的努力可以实现的。过高的绩效考核标准会使被考核者丧失信心，标准也就失去了其应有的导向作用。

3.绩效考核标准应是为考核双方所共知的

管理者和员工都应对绩效考核标准有明确的了解，确保其没有歧义。为体现绩效考核的公平合理，其标准应是参与考核的双方都同意的。同时，因为被考核者同意的绩效考核标准更容易调动起他们的工作积极性和主观能动性，所以，绩效考核标准尤其应当经过被考核者同意。

4.绩效考核标准要尽可能具体且可衡量

一个好的绩效考核标准应是可以度量的、有形的。如果绩效考核标准抽象而不够具体，就无法客观地衡量被考核者的工作表现、工作业绩。如用“工作热情高”等标准衡量销售人员的工作绩效，就不如用可量化的销售额来衡量。

如果在衡量时碰到实在无法量化的目标，也可以用“优、良、中、合格、不合格”之类的多阶段标准来衡量。

5.绩效考核标准要有时效性

用于绩效考核的资料必须能够迅速获取，并且要定期更新。如果获取资料需要大费周折，资料内容陈旧过时，这些资料就会失去其应有的价值。

6.绩效考核标准必须有意义

绩效考核标准必须与企业经营战略、生产计划、组织目标、企业文化等保持一致，必须能够促进员工提高工作效率，进而提升企业整体效率。

考核指标	具体内容
衡量可靠	应当以客观方式衡量行为和结果
内容有效	同被考核者的工作合理地联系起来
定义具体	包括可识别的行为和结果
独立	在全面的标准中应包含重要的行为和结果
非重叠	绩效考核标准不能重叠
全面	不能忽略不重要的行为和结果

续表

考核指标	具体内容
易懂	标准的命名和解释应易于理解
一致	应与组织目标和企业文化保持一致
更新	应根据组织的变化定期进行审查和改进

7.绩效考核标准是可以改变的

绩效考核标准应随着组织的变化而进行定期的审查和改进。也就是说，标准可以因新方法的引进，或因其他工作重要性的变化而变动。但是，标准不能仅仅因为员工无法达到而改变。

8.绩效考核标准要具有全面性

绩效考核标准应尽可能地反映被考核者工作的全貌，要尽可能周到、全面。但全面并不意味着绩效考核指标越多越好。绩效考核指标的多少，并没有一个确定的数字作为答案。如果工作职责简单、明了，就可以设立单项绩效考核指标；如内容复杂，就要设立多项绩效考核指标。

对员工素质要求较高的岗位，绩效考核标准的制定应有一定的弹性，因为这类员工能够自己处理好各种细节问题，只需要为其制定一套总的绩效考核标准就够了。而对于其他的岗位，一般应设定全面、详细的绩效考核标准。

9.绩效标准要具有独立性

绩效考核的标准在同一层次上应该相互独立，没有交叉。绩效考核标准体系是由多个层次的标准构成的，独立性原则要求系统层级上的标准A和标准B不能相互重叠，也不能存在因果关系。

10.绩效考核标准要具有简明性

有些管理者认为，由于企业从事的生产经营活动是多元化的，因此绩效考核标准也应是复杂的、多元化的。然而，并不是所有被考核者都能了解这些标准，因此会对其产生怀疑，或因为理解上的差异而影响考核的有效性。在实际操作中，往往最简单的考核标准反而是最有效的。

有效绩效考核标准的优点和用途如下。

（1）促进员工个人发展。

（2）促进部门发展。

（3）是衡量绩效目标达成状况的尺度。

（4）是根据下列目的进行员工个人行为、业绩考评的依据：补偿、重新分配工作、晋升、执行纪律或降职。

（5）是对在工作中做出创造性贡献的员工进行物质奖励的依据。

（6）是员工进行自我评价和工作改进的依据。

（7）用来确定工作量，减少费用，实现目标之间的平衡。

（8）用来衡量各部门的绩效以及组织的整体绩效。

由此，我们可以对有效的绩效考核标准有一个简明、正确的认识，这种认识是制定绩效考核标准、执行绩效考核的前提。只有制订出合理的绩效考核标准，才能推动绩效目标的实现。

关键点提示

绩效考核标准的合理性和有效性体现在以下方面：

1.绩效考核标准是唯一的；2.绩效考核标准是可以达成的；3.绩效考核标准应是为考核双方所共知的；4.绩效考核标准要尽可能具体且可衡量；5.绩效考核标准要有时效性；6.绩效考核标准必须有意义；7.绩效考核标准是可以改变的；8.绩效考核标准要具有全面性；9.绩效标准要具有独立性；10.绩效考核标准要具有简明性。

4.5 如何构建完善的绩效考核标准体系

工作场景描述

当管理者想给绩效衡量加一把刻度精确的“尺子”时，可查看。

解读与分析

绩效考核标准就好像是一把度量绩效的“尺子”，如果尺子上没有刻度或刻度不准，是不能用来测量长短的，所以绩效考核标准必须是一把刻度精确的“尺子”。另外，绩效考核标准还要分开档次，要能有效地区分员工工作绩效的优劣，否则也就没有考核的必要了。总之，确定精确的绩效考核标准，为绩效考核提供明确的参照和导向，是企业开展绩效管理的关键。

1.绩效考核标准的种类

企业、岗位以及绩效目标不同，要设定的绩效考核标准自然不同。但不管怎样，在设定绩效考核标准时，通常都需要考虑两类标准，即：基本标准和卓越标准。

（1）基本标准。这种标准是每个被考核者经过努力都能够达到的。并且，基本标准对一定的职位来说，应当是有限度的。考核的结果主要用于实施一些措施，如调整基本工资。

（2）卓越标准。这种标准并非每个被考核者都能达到，只有一小部分被考核者能达到。卓越标准通常是没有“天花板”的。由于卓越标准不是人人都能达到的，所以它的作用主要是识别、树立榜样。考核结果可以作为实施一些激励性措施的依据，如发放额外奖金、分红、晋升、培训等。

为方便大家理解，下表列举了一些职位的基本标准和卓越标准。

职位	基本标准	卓越标准
打字员	①打字速度不低于100字／分钟 ②版式、字体符合公司的要求	①设计美观、节省纸张的版面 ②主动纠正原文中出现的错别字
销售代表	①向客户正确介绍产品或服务 ②达到承诺的销售目标 ③回款及时 ④不收取礼品	①对每位客户的个性、偏好做详细记录 ②为市场部门提供客户需求信息 ③维持长期稳定的客户群

从表中我们可以看出，即使是最普通的职位也设定了一些卓越标准。卓越标准的设定，会促使被考核者朝更高的目标努力。卓越标准代表着组织所倡导的工作标准，对于工作达到卓越标准的员工，组织会给予相应的奖励。

2.绩效考核标准的设定原则

绩效考核标准是对被考核者的目标要求，同时也是被考核者努力的方向。绩效考核标准是否合理，对一定时期员工的努力方向和工作积极性有重要影响。在设定绩效考核标准时应遵循如下原则。

（1）SMART原则。

S——具体的（Specific）——目标是具体的、清晰的。

M——可衡量的（Measurable）——目标是可以衡量的。

A——可达成的（Attainable）——目标是能达成的。

R——相关的（Relevant）——目标与工作要紧密相关。

T——基于时间的（Time-based）——目标的达成有明确的时间要求。

（2）SMT-ABC原则。

S——具体（Specific）——目标是具体的、清晰的。

M——可衡量（Measurable）——目标是可衡量的。

T——定时（Time）——目标的实现有明确的时间要求。

A——可实现性（Achievable）——目标是能实现的。

B——以竞争对手为标杆（Benchmark）——通过比较竞争对手的相关目标来设定本企业的绩效目标。

C——客户导向（Customer-oriented）——目标应体现客户的需求。

（3）5W2H原则。

What（要做什么）——目标是什么？

Why（为什么要做）——目标是不是有力支撑着部门的目标？

When（何时去做，何时结束）——何时执行目标，何时实现目标？

Where（在何地做）——在哪里开展工作、完成目标？

Who（由谁来做）——目标的责任人是谁，涉及哪些人？

How（如何做）——执行目标的手段或关键措施是什么？

How much（做到什么程度，需要多大代价）——目标能实现到什么程度，需要什么资源支持，会有什么风险和障碍？

在运用这个原则时，很多企业将其简化成“五要素”。如下表所示：

要素	内容	销售代表的目标（示例）
目标是什么	靶子	某产品的销售量、销售额
目标能达到什么程度	达到的质量、数量、状态	销售量10万件 销售额70万元
该怎么办	采取的措施和手段	对重点区域进行开拓 注意维持重点客户
什么时候完成目标	期限、工作日程表	前半年确定销售策略 后半年实现重点区域突破
是否很好地完成了目标	工作效果评估	销售量12万件 销售额84万元

（4）SUMMIT原则。

S——具体的（Specific）——目标是具体的、清晰的。

U——有用的（Useful）——目标是有价值的。

M——可管理的（Manageable）——目标是可控的、可实现的。

M——有意义的（Meaningful）——目标是具有激励性的。

I——具有整合性的（Integrated）——目标与企业、组织的目标是相辅相成的，与企业经营战略、生产计划协调一致。

T——有形的（Tangible）——目标是明确写在纸面上的。

总的来说，绩效考核标准的定量要准确，内容要先进合理。定量要准确，是指绩效考核标准能用数量表示时尽可能用数量表示，具体如下。

①各标准评定时的起止水平应合理确定。

②各标准间的差距应是明确的，评分应是等距的。

③设定的等级层次数量应是合理的。

内容要先进合理。先进，是指绩效考核标准要科学反映企业的技术水平、管理水平。合理，是指绩效考核标准不能定得太严，否则会使员工考核分数都很低，会打击员工的积极性，人人自危；也不能定得太宽松，否则无法区分员工工作绩效的优劣。应以多数员工能达到的水平作为考核的基本标准。

3.绩效考核标准的制定程序

要有效地制定绩效考核标准，就必须明确“谁来制定”“制定多少项”以及“怎么制定”。

（1）由谁来制定绩效考核标准。绩效考核标准应当由被考核的部门或员工个人事先与管理者共同讨论后制定，并作为管理和执行的依据，必须为员工所接受。这样做有两个目的：一是借由员工的亲身参与来激励他们努力工作，使自己的工作绩效达到甚至超越制定的标准；二是员工会对他们协助制定的标准做出更多的承诺。

（2）绩效考核标准应制定多少项。绩效考核标准条目的数量应以管理者可以向员工说明的全部要求的最低限度为基础来确定。但通常情况下，绩效考核标准条目多比少好，因为这样不但可以让员工更清楚地了解自己工作的全貌，也可以使管理者从多个方面来考核下属。可以这么说，对考核绩效标准的制定不应有数量上的限制。

（3）怎么制定绩效考核标准。绩效考核标准的制定可以从数量、质量、成本、时间四个方面来考虑，示例如下表：

数量	质量
①产品的数量 ②处理零件的数量 ③接听电话的数量 ④销售额利润比 ⑤拜访和接见客户的次数	①合格产品的数量 ②错误比率 ③客户投诉数量
成本	**时间**
①支出费用 ②实际费用和预算	期限

4.量化绩效考核标准和非量化绩效考核标准的设定方法

由于绩效有定量目标和定性目标，所以绩效考核标准也应当有量化的标准和非量化的标准。使用量化的标准进行绩效考核比较容易且客观性较强，可采用加减分法、规定范围法。而在使用非量化标准进行绩效考核时很容易出现主观随意性，考核结果会受到考核人员的价值观、知识水平、经验、关系等因素的影响，考核结果可能会丧失公正性和客观性。因此在设定非量化标准时，应设计一些详细的操作指南、技术规范指导和考核参照标准，尽可能增强绩效考核标准的客观性和可操作性。示例如下表：

绩效考核加减分法

目标	考核要素		权重	考核标准
关键绩效指标	1	产量	30分	按照标准的规定折合成标准产量，以100箱/台班为基数，基数得分为25分，每加减一箱则加减一分。最多加5分。折算标准参照文件规定
	2	消耗	15分	按照标准的规定折合成标准产量，以1.50kg/件为基数，基数得分12分，每加减0.01kg/件则加减0.1分，15分封顶，7分保底。折算标准参照文件规定
	3	质量检验	25分	自检滞后-2分/次；记录不真实-2分/次；记录不及时-1分/次；自检漏项-1分/次；记录不规范-1分/次。不设保底分

绩效考核规定范围法

指标	考核要素	权重	考核标准			
			A	B	C	D
关键业绩指标	销售预测	30分	90%≤预测准确率<100%	80%≤预测准确率<90%	60%≤预测准确率<80%	预测准确率<60%
			29—30分	25—28分	20—24分	10—19分
	项目管理	20分	每个项目进度报表上报及时率100%；所做项目分析能为计划提供强有力的支持；对项目进程控制得力	每个项目进度报表上报及时率≥80%；所做项目分析能为计划提供较有力的支持；对项目进程控制较得力	每个项目进度报表上报及时率≥60%；所做项目分析能为计划提供一定的支持；对项目进程控制效果一般	每个项目进度报表上报及时率<60%；所做项目分析能为计划提供的支持不明显；对项目进程控制不得力
			19—20分	15—18分	12—14分	6—11分

使用非量化的定性标准进行绩效考核时，通常要对目标的达成状况尽可能详细地描述，然后再以评估表的形式加以明确。示例如下表：

要素	优秀（A）	良好（B）	合格（C）	改进（D）
团队凝聚力	凝聚力强，部门人员很团结，相互间工作配合性好	凝聚力较强，人员较团结，相互间工作配合性较好	凝聚力一般，人员团结，相互间工作配合性一般	凝聚力较低，部分人员团结，相互间工作配合性较差
组织与文化建设	建立规范的内部沟通制度，能及时有效传递和正确诠释文化导向，氛围良好；在部门内推行导师制，自身能良好地履行导师职责	建立较规范的内部沟通制度，能有效传递和正确诠释文化导向，氛围较好；在部门内推行导师制，自身能较好地履行导师职责	建立了内部沟通制度，能传递和诠释文化导向，组织氛围一般；在部门内推行导师制，自身能履行导师职责	内部沟通制度不完善，不能有效传递和正确诠释文化导向，氛围差；不能在部门内推行导师制，自身不能履行导师职责
项目管理	项目动态表上报及时率100%，项目分析为计划提供强有力的依据	项目动态表上报及时率80%，项目分析为计划提供较有力的依据	项目动态表上报及时率大于60%，项目分析为计划提供一定的依据	项目动态表上报及时率小于60%，项目分析为计划提供的依据不明显

5.绩效考核标准与绩效目标的区别

其实，标准和目标有很多类似的地方，唯一不同的是标准需要一次次、重复地执行。

目标	标准
①是对要达成结果的表述 ②更适合考核经理和专业员工等涉及个人项目的工作	①是一种不断延续，需要一次次遵循的工作原则 ②适合考核需要重复进行的日常工作

标准举例：每次电话铃响不能超过三声，必须在电话铃响超过三声之前将电话接起。这样需要不断遵守的工作要求其实不是目标，而是标准。

目标举例：1月1日之前要将生产成本降低5%。

许多人将绩效考核标准和绩效目标混为一谈，这样不利于建立科学有效的绩效考核体系。绩效目标是企业对员工进行有效绩效考核的基础，但如果没有绩效考核标准，会导致绩效目标无法度量，也就失去了考核的意义。因此，绩效考核标准是企业进行绩效考核的参照与依据，直接影响绩效考核的结果，管理者应予以足够的重视。

关键点提示

管理者在构建完善的绩效考核标准体系时需要明确以下几点：

1.绩效考核标准的种类；2.绩效考核标准的设定原则；3.绩效考核标准的制定程序；4.量化绩效考核标准和非量化绩效考核标准的设定方法；5.绩效考核标准与绩效目标的区别。

4.6　如何收集和记录绩效考核信息

工作场景描述

当管理者想更全面地收集和记录与绩效考核相关的信息并确保信息的有效性时，可查看。

解读与分析

在整个绩效管理的过程中，管理者往往会把更多的精力放在对绩效的考核上。然而，我们不妨思考一下，要做到客观、公正地进行绩效考核，需要什么做依据呢？答案是：绩效考核信息。

1.为何要收集和记录绩效考核信息

（1）为绩效考核提供事实依据。在进行绩效考核时，我们将某个员工的工作绩效判定为“优秀”“良好”或“不合格”，需要有证据作支持。这事绝不能凭感觉，而是要用事实来说话。绩效考核信息可以作为对员工的工作绩效进行确认和考核的重要依据，也可作为晋升、加薪等的依据。

（2）为改进绩效提供事实依据。我们进行绩效考核的目的，就是要改进和提高员工的工作绩效和工作能力。那么当我们对员工说“你在这些方面做得不够好”时，需要结合具体的事实向员工说明其目前工作上的差距及改进和提高的方法。这样可以让员工清楚地看到自己工作中存在的问题，有利于他们改进工作。而绩效考核信息能够为我们提供这样的事实依据。

（3）发现优秀业绩和较差业绩背后的形成原因。绩效信息可以反映业绩优秀的员工的工作表现，也可以反映业绩较差的员工的工作表现。通过阅读、分析绩效考核信息，我们可以发现优秀业绩和较差业绩背后的形成原因，并利用这些信息帮助业绩较差的员工明确自己工作中存在的问题，扬长避短，把工作做好。

（4）在发生争议时用于维护相关方利益。保留翔实的员工绩效表现方面的信息记录，也是为了在发生争议时有事实依据可查证。这样既可以保护企业的利益，也可以保护员工的利益。

（5）尽早发现潜在的问题，及时与员工进行沟通，帮助员工改进工作。

2.收集和记录绩效考核信息的方法

（1）观察法。例如：管理者看到某员工热情地接待客户，这就是通过直接观察得到的信息。

（2）工作记录法。员工工作目标的完成状况有时是通过工作记录体现的，如财务报表中的销售额、整装车间记录下的废品个数等，都是日常工作记录中体现出来的绩效情况。

（3）他人反馈法。员工的有些工作表现不是管理人员能直接观察到的，在缺乏日常工作记录的情况下，就要采用他人反馈的信息。

（4）定期抽查法。定期抽查生产、服务的开展状况，用以评定工作期间内员工的工作表现。

（5）项目评定法。采用问卷调查的方式，指定专人对员工的工作表现逐项进行评定。

（6）关键事件记录法。将员工特别突出或异常失误的情况记录下来。这种方法有利于管理者对员工做出的突出业绩及时给予肯定、表扬，对员工存在的问题及时加以纠正。

（7）减分搜查法。按职位要求规定应遵守的事项，制定违反规定的扣分方法，定期登记。

（8）指导记录法。不仅将员工异常的行为及反应记录下来，而且将管理者的意见及反应记录下来，这样既可以考察员工的表现，又可以考察管理者的领导工作。

3.要收集和记录的绩效考核信息的内容

收集绩效考核信息是很重要的，但是我们不可能对所有员工的绩效表现都进行详尽的记录，而是要有选择地收集。想要确保收集的信息与关键绩效考核指标密切相连，在收集信息之前应先回顾关键业绩指标。

（1）确定绩效考核好坏的事实依据。

（2）业绩的记录信息。

（3）由主管人员观察得到的信息。

（4）来自他人的评价信息。

（5）员工业绩较差背后的形成原因。

（6）员工绩效优秀背后的形成原因。

（7）能够证明员工是否达成了他们的工作目标和绩效标准的事实依据。

（8）目标达成或未达成的情况。

（9）证明员工绩效突出或低下所需要的具体证据。

（10）对发现员工工作中存在的问题或证明员工的突出贡献有帮助的其他信息。

（11）同员工面谈的记录。

（12）相关事件的信息。

（13）来自客户的积极和消极的反馈信息。

4.收集和记录绩效考核信息时应注意的问题

（1）让员工亲身参与信息的收集。管理者通过观察得到的信息可能不全面或具有偶然性，教会员工做工作记录是解决这一问题的好方法。绩效考核是一项需要管理者和员工共同负责、共同参与才能做好的工作。因此，让员工参与绩效信息的收集，可以体现员工的责任。而且，员工自己记录的信息比较容易整理。

但要注意的是，员工做工作记录时往往会有选择性，或是报喜不报忧，只记录工作中取得的成就，对工作中做得不好的地方则避而不谈；或是夸大工作中的困难。所以管理者要明确地告诉员工记录哪些信息。可以事先制作一定数量的、结构化的员工信息记录表，分发给员工，让员工按照表格中规定的内容进行填写，这样可以将员工选择性记录信息的可能性降到最低。

（2）要有目的地收集信息。在收集信息之前，一定要搞明白为什么收集这些信息。如果收集来的信息没有什么用处，就是人力、物力和时间的一种浪费。

（3）可以采用抽样收集信息的方法。抽样收集信息就是从一个员工全部的工作行为中抽取一部分工作行为做记录，并将工作记录存档。抽取出来的工作行为叫样本。管理者不可能用一整天的时间去观察员工的行为，因此不妨采用抽样收集信息的方法，如固定间隔抽样法、随机抽样法、分层抽样法等。

（4）要把事实与推测区分开。应收集那些有事实根据的绩效信息，而不是凭自己的推测得出的绩效信息。通过观察可以看到某些实际行为，而行为背后的动机和情感要求则是靠推测得出来的。

在绩效考核实施阶段，管理者在与员工保持绩效沟通的同时，还有一项重要的工作要做——收集和记录绩效考核信息，目的是为下一阶段公正地评价员工的绩效水平提供依据，而不是给员工记黑账，更不是为了秋后算账。

关键点提示

要做好绩效考核信息的收集和记录，管理者应该明确以下几点：

1.为何要收集和记录绩效考核信息；2.收集和记录绩效考核信息的方法；3.要收集和记录的绩效考核信息的内容；4.收集和记录绩效考核信息时应注意的问题。

4.7 如何实现组织绩效和员工绩效的有效结合

工作场景描述

当管理者要实现组织绩效和员工绩效的有效结合时，可查看。

解读与分析

部门、团队以及岗位的设置，是为了保证组织目标的实现。员工绩效是组织绩效的组成部分，因此，管理者应当将员工绩效和组织绩效充分结合，在实施绩效考核时予以综合考虑。

1.为何要实现组织绩效和员工绩效的结合

（1）有一些工作的绩效并不直接从员工个人的工作绩效中得到体现，而是从部门、团队的绩效中得到体现，尤其是需团队合作才能完成的工作。如果仅针对员工个人的工作表现进行考核，必然会淡化组织的贡献，长此以往，员工就会滋生“个人英雄主义”思想，忽视组织的地位和作用。因此，摆正员工和组织之间的关系，尤其是当员工个人绩效和组织绩效发生冲突时，对二者绩效进行合理评价和密切结合显得尤其重要。

（2）员工之间存在的素质差异和管理者之间存在的管理水平差异，必然会导致部门之间整体绩效产生差异。同时，管理者对员工的要求也有所不同，这种差异必然会在绩效考核的过程中有所体现。管理者在绩效考核中如果不能正确看待这种差异并予以重视，势必会使员工产生不公平的感觉，从而产生以下三种结果。

①整体绩效相对优秀的部门管理者，为了维护本部门员工的工作积极性和相对公平性，必定会采取一些方法来缩短本部门与其他部门平均绩效水平之间的差距，比如对自己及员工的工作标准降低要求，这样会使员工失去追求更高目标的热情和动力。

②整体绩效相对较差部门的员工，因为自己的薪酬和整体绩效优秀部门员工的薪酬没有差别，没有考核压力，就不会去主动改进自身工作中存在的问题，以致工作绩效难有提升。

③员工思考及处理问题只从自身出发，当自身绩效与组织绩效产生冲突时，顾小不顾大。

以上三种结果的产生，都将使绩效考核工作流于形式，企业又会重新回到“大锅饭”的年代，从而造成部门、团队目标难以顺利实现，使整个组织的发展陷入停滞。

善用绩效考核能最大限度地激发员工的工作热情，发掘员工的潜力，最大限度地为企业创造价值，促进企业持续发展。但如果用之不慎，就会产生极大的隐患。只有将组织绩效和员工绩效密切结合，进行综合考核，才能缓解甚至消除组织绩效和员工绩效之间的矛盾和冲突，实现组织绩效和员工绩效的双重提升。

2.组织和员工整体发展思路

在绩效考核的全过程中，管理者要将组织绩效与员工绩效紧密联系，让员工清楚地了解，只有组织总体绩效获得提升，员工的工作绩效才能得到充分的肯定。管理者要帮助员工树立依托组织获得个人发展的观念，促使员工与组织结成利益共同体，最终实现组织和员工的共同发展。

3.考核内容、考核指标、考核标准的确定

（1）关键绩效结果的考核（占60%的权重）。根据企业的整体发展战略和部门发展目标，找出创造部门80%价值的那20%的工作内容，并通过客观科学的量化标准对其结果进行考核，考核内容、考核指标及考核标准由员工和管理者共同确定。

（2）部门工作计划执行情况的考核，由考核操作部门根据各部门计划呈送的及时性、计划的推进情况和信息反馈的情况，依据事先确定的考核标准实施考核。

（3）组织建设指标的考核，主要包括：规范管理、组织气氛、员工培养、部门沟通、员工团队意识等相关内容，由部门自行提出考核计划和考核标准，报管理者通过后实施。

（4）费用控制指标的考核，由财务部门确定预算及考核标准并实施考核。

（5）公共评议指标的考核，包括服务意识、规范管理、组织气氛、职能界定等，由相关部门进行考核。

4.考核结果的评定

以“百分制”记分法将考核结果汇总，依据部门最终的考核得分从高到低依次排名，按相应比例将部门绩效分成四个考核等级：先进部门——占10%；良好部门——占30%；合格部门——占50%；基本合格部门——占10%。

5.利用调节系数将组织绩效和员工绩效紧密相连

调节系数是指在数据计算、公式表达等由于理想和现实、现实和调查产生偏差时，为了使其尽可能体现真实性对计算公式进行处理而加的系数。

（1）员工最终绩效考核得分＝员工绩效考核得分×部门绩效调节系数。

（2）部门绩效调节系数的确定。

先进部门：部门主管的调节系数为1.8，其他员工的调节系数为1.5。

良好部门：部门主管的调节系数为1.5，其他员工的调节系数为1.2。

合格部门：部门主管和员工的调节系数均为1。

基本合格部门：部门主管的调节系数为0.6，其他员工的调节系数为0.8。

将组织绩效和员工绩效紧密结合、综合考核，会促进组织和员工的共同成长、共同进步，使企业充满活力。

关键点提示

管理者要想将组织绩效和员工绩效有效地结合，需要明确以下几点：

1.为何要实现组织绩效和员工绩效的结合；2.组织和员工整体发展思路；3.考核内容、考核指标、考核标准的确定；4.考核结果的评定；5.利用调节系数将组织绩效和员工绩效紧密相连。

4.8　如何使用传统考核方法做绩效考核

工作场景描述

当管理者想使用传统的考核方法进行绩效考核时，可查看。

解读与分析

传统的绩效考核方法通常有排序评价法、两两对比法、强迫分配法、考核清单法、量表评价法、关键事件法、行为锚定法、评语法等。下面将从不同的角度介绍一些常用的传统绩效考核方法。

1.排序评价法

这是一种古老而又简单的绩效考核方法，它类似于学校里的“成绩排名单”。这种方法是根据一个考核要素，将全体员工的业绩从好到坏进行排序。它又分为简单排序法和交替排列法。

（1）简单排序法。将要考核的员工从绩效最好者到绩效最差者进行排序，即对一批考核对象按照一定标准排出“1，2，3，4，5…”的顺序。

（2）交替排序法。方法如下。

①将需要进行考核的所有员工的名单列出来。

②将工作绩效最好的员工排为第一名，将工作绩效最差的员工排为倒数第一名。

③在剩下的员工名单中再挑出工作绩效最好和最差的，分别将其排为第二名和倒数第二名。

④以此类推，直到所有被考核的员工都排好名次。

这种考核简单易行，但也存在缺点：当被考核的人员较多时，要准确地将他们依次排序会费时费力，而且效果也不一定会好。另外，如果工作性质存在差异，或进行跨部门考核时这种方法就很难适用。

2.两两对比法

这种方法是将所有被考核者进行两两配对比较，以确定绩效名次。例如，有10名员工，考核时将每名员工与另外9名员工逐一进行配对比较，工作表现好的员工得1分，工作表现差的员工得0分，比较完毕后，将每个人的分数相加，按照分数的高低依次排定名次。

这种方法会受到考核人数的制约，当有大量员工需要考核时，这种方法会很浪费时间。当被考核者有n人时，要进行配对比较$n(n-1)/2$次。

3.强迫分配法

这种方法是根据事物呈正态分布的规律，预先确定评价等级以及各等级在总数中所占的百分比，然后按照被考核者的绩效优劣程度将其列入其中某一等级的方法。例如，将评价等级定为优秀、良好、合格、不合格四级，每个等级分别占15%、30%、40%、15%，据此确定每个等级的考核人数。如下表所示：

等级分类	优秀	良好	合格	不合格
比例	15%	30%	40%	15%
被考核者				

这种方法比较简单，也相对公平，而且由于它遵循正态分布的规律，可以避免考核者在考核过程中因主观因素造成的结果误差。它适用规模较大、种类较繁多的组织。

缺点是这种方法的考核往往不能做到完全的实事求是和客观公正，而且当假设的分布与实际相差较大时，考核的准确度就会受到质疑。

4.考核清单法

考核清单法可以分为简单清单法和加权清单法。

（1）简单清单法。考核者结合工作说明书和与工作绩效优劣相关的员工典型行为，拟订考核清单条目，然后逐条对照被考核者的实际工作情况，在两者一致的地方打“√”即可。如下面内容就是简单考核清单中的一部分。

①工作不认真，忽视操作责任。（　）

②严格遵循操作规则，推动和改进操作规范。（　）

③工作非常勤奋，有时能超额完成工作任务。（　）

④脾气暴躁，经常与同事发生冲突。（　）

⑤能力强，对所从事的工作应付裕如。（　）

⑥对完成职责内的工作感到吃力。（　）

（2）加权清单法。我们可以列举出很多对员工工作绩效产生影响的因素，然而实际上，每一个因素对员工工作绩效的影响是不一样的。因此，为了保证考核的精确性，应对所涉及因素赋予权重。

5.量表评价法

这是绩效考核中用得最普遍的一种方法，和考核清单法在本质上比较接近。但考核清单法必须用文字描述，量表评价法则可以只用纯数字而不附文字，最简单的甚至可以只用均等刻度，考核者适当勾选即可。这种方法适用于不同的被考核者，而且考核既定性又定量，比较全面。

具体做法：先设计等级考核量表，列出考核的绩效因素，再将每一个绩效因素分成若干等级并给定相应的分数，说明每个等级的具体含义，在打分评级后加总得出考核结果。

量表评价法简单易行，但在考核过程中容易出现趋中误差，因为考核者通常会给出中间等级的分数，而且由于不同的考核者对考核因素的理解不同，会影响考核的客观性。

6.关键事件法

关键事件法中，每个被考核的员工都有一本工作记录本，上面记载着员工在日常工作中突出的、与工作绩效密切相关的事件，可以是极好的，也可以是不太好的。关键事件一般由员工的主管进行记录，在记录时，主管应注重对事件或行为的记载，而不是对员工进行评论。例如可以这样记载：“×年×月×日，×××（员工姓名）对客户提出的关于产品质量的问题，热情而耐心地进行解释，使客户满意而归。”而不是抽象地记“××员工工作认真负责”。

关键事件法的优点如下。

（1）以员工在整个考核期中的行为表现为基础进行考核，考核结果比较真实可靠。

（2）依据员工日常工作状况的记录进行考核，能较好地控制考核中可能出现的各种因考核者的主观因素造成的结果误差。

缺点如下。

（1）不同的管理者对什么是关键事件的界定不同。

（2）给员工做“工作记录”会占用管理者很多时间。

（3）可能会使员工将注意力过多集中在管理者写的内容上，对工作记录产生抵触情绪，不利于考核的实施。

7.行为锚定法

行为锚定法是一种根据关键事件法中记录的员工关键行为设计考核量表进行员工绩效考核的方法，实际上是一种将量表评价法和关键事件法结合起来的考核方法，且兼具两者之长。

（1）获取关键事件。请一组对工作较了解的员工对一些有代表性的关键事件进行描述。

（2）建立绩效考核等级，然后由这些员工将关键事件合并为几个绩效要素，并对要素的内容加以界定。

（3）对关键事件重新分配。请另外一组同样对工作较了解的员工对原始的关键事件进行排列，将这些关键事件分别放进他们认为最合适的绩效考核要素栏目中去。如果就同一关键事件，第二组中50% ~ 80%的人与第一组人的意见相同，则这一关键事件的位置就可以确定了。

（4）对关键事件进行评定。第二组人对关键事件中所描述的行为进行评定，以判断它们是否能有效地代表某一工作绩效要素所要求的绩效水平。

（5）建立最终的工作绩效评价体系。每个考核要素都会有一组关键事件作为其“行为锚”。

“行为锚”是很关键的。为确保其真正具有代表性，应注意以下两点。

①认真确定参加考核量表编制的人选。

②遵循“背对背”的编制原则。编制量表虽然是一个集思广益的过程，但在编制初期，编制人员应“背对背”，独立思考，不能相互交流，以免扰乱编制思路。直到各自将所编制的结果公布后，再进行充分的讨论。

8.评语法

这是我国常用的一种绩效考核方法，是通过一段简短的书面鉴定对员工进行绩效考核。鉴定的内容包含被考核者的优点和缺点、考核者对被考核者提出的希望和建议等方面。鉴定的格式、内容重点等由考核者自由把握，不存在标准规范。由于它操作灵活，反馈迅速，所以颇受一些企业欢迎。

但这种方法只是从总体上对员工进行考核，各被考核者之间很难做比较。另外，考核中没有具体的考核标准和量化的数据作依据，考核易受考核者个人情感和偏好的影响，造成考核结果失真。

对于上述绩效考核方法，在实际应用时，管理者应了解各种方法的操作步骤、优点、缺点，根据企业的实际情况有选择地使用。

关键点提示

传统的绩效考核方法通常有以下几种：

1.排序评价法；2.两两对比法；3.强迫分配法；4.考核清单法；5.量表评价法；6.关键事件法；7.行为锚定法；8.评语法。

4.9 如何使用平衡记分卡做绩效考核

工作场景描述

当管理者想使用平衡记分卡做绩效考核时，可查看。

解读与分析

多年以来，管理者们一直在寻找一种工具，希望它能科学地衡量企业的无形资产在创造持续的经济价值方面所起的作用。这里所说的无形资产包括客户关系、创新、质量、员工工作积极性和工作能力等。而平衡记分卡就是这样的一种工具。

1.平衡记分卡的定义

平衡记分卡是从财务、客户、内部运营、学习与成长四个角度，将组织的战略落实为可操作的衡量指标和目标值的一种新型绩效管理体系和绩效考核工具。

（1）平衡记分卡是战略管理与执行的工具。它将企业的战略转化为具体的行动，为企业的战略执行搭建平台，以提升企业的战略执行力。

（2）平衡记分卡是绩效管理的工具。它从四个角度设计适量的绩效指标，这些绩效指标具有可量化、可测度、可评估的特点，有利于全面系统地监控企业战略的执行情况，促进企业战略与远景目标的达成。

（3）平衡记分卡是重要的沟通工具。为了确保战略的顺利执行，必须针对企业的远景规划与各级组织、各层级管理者、员工进行沟通，使企业所有成员都能够理解远景规划，并及时做出反馈。

2.实施平衡记分卡的步骤

（1）构建企业的远景与战略。构建的远景与战略要简单明了，并对每个部门都有意义，使每个部门都可以采用一些绩效衡量标准。

（2）成立平衡记分卡小组以负责解释企业的远景和战略，并建立财务、客户、内部运营、员工学习与成长四类具体的目标。

（3）为这四类目标找出恰当的衡量标准。

（4）加强企业内部的沟通与教育。可通过定期或不定期的刊物、公告、会议等，让各级管理者和员工了解企业的远景、战略等。

（5）确定每月、每季度、每年的绩效衡量指标，并与企业的生产计划和预算相结合。

（6）将每年制订或修订的报酬奖励制度和平衡记分卡挂钩。

（7）经常采用员工意见，积极修正平衡记分卡。

3.应用平衡记分卡的四个要领

许多欧美企业通过应用平衡记分卡取得了意想不到的效果。中国企业若想成功地运用平衡记分卡实施绩效管理，进行绩效考核，应把握以下四个应用要领。

（1）切勿照搬其他企业的模式。不同的企业有不同的背景和战略，平衡记分卡四个方面的目标和衡量标准也不相同。因此，每个企业都应设计出具有自身特色的平衡记分卡。

（2）提高企业管理信息质量的要求。与欧美企业相比，我国企业信息的精确度和质量要求偏低，这在很大程度上会影响平衡记分卡应用的效果。

（3）正确对待成本投入与获得效益之间的关系。平衡记分卡的四个层面是彼此相连的，要提高其中一方面，就要改善其他三方面。要改善就要投入，所以在实施平衡记分卡考核法时首先要考虑的是成本而非效益。由于效益的产生往往滞后很长时间，从而使投入和产出、成本和效益之间有一个时间差。所以，管理者在实施平衡记分卡考核法时，不要一见到没有效果就失去信心，应将眼光放得更远些。

（4）执行要与奖励制度结合。企业中每个员工的职责不同，平衡记分卡考核法的实施可以使员工的工作更具方向性，从而增强员工的工作能力和工作效率。为充分发挥平衡记分卡考核法的功效，应重点在部门及个人层次上实施这种考核方法，使各部门和员工的注意力集中在提高各自的工作业绩上。这就需要将平衡记分卡考核法的实施结果和奖励制度挂钩，注意加强对员工的奖励和惩罚。

4.关于平衡记分卡的五个疑问

实施平衡记分卡考核法，至少每半年要进行一次模拟考核，以便发现问题、解决问题，确保企业年度经营目标的实现。在实际应用平衡记分卡进行绩效考核时，还需弄清以下五个问题。

（1）为什么是四个指标？

在平衡记分卡的四个指标中，财务指标是企业所追求的最终目标；要提高企业所追求的利润水平，必须以客户为中心组织生产活动，为客户提供优质的产品和服务；要满足客户的需求，又必须加强自身的建设，提高企业内部的运营效率；企业内部运营效率的提高与企业管理者与员工的学习、成长和创新密切相关。也就是说，这四个方面构成一个循环，通过适当的管理和评估促进企业发展。

（2）只能是这四个指标吗？

平衡记分卡的四个指标是针对一般企业而设计的，并不适合所有的企业。有的企业可能只需要使用三个指标，有的企业则可能需要使用五个或者更多的指标，如烟草企业除了需要使用上述四个指标外，还需增设“品牌建设”这一指标。所以在实际应用中必须结合企业自身的情况，适当加以变通。

（3）平衡了什么？

平衡记分卡的衡量指标包括财务和非财务指标，通过综合考虑和应用这些指标，可以确保企业不仅关注过去的财务结果，而且注重业务战略和未来的绩效。平衡记分卡最大的特点是“平衡”。

①外部衡量和内部衡量间的平衡。

外部——股东和客户。

内部——流程和员工。

②所期望的结果和达成结果的动因间的平衡。

结果——利润、市场占有率。

动因——新产品开发投资、员工培训。

③定性衡量和定量衡量间的平衡。

定性——客户满意度、时效性。

定量——利润、员工流失率。

④长期目标和短期目标间的平衡。

长期目标——客户满意度、员工培训成本和次数。

短期目标——利润。

（4）与KPI（关键绩效指标，通过对组织内部流程的输入端、输出端的关键参数进行设置、取样、计算、分析，衡量流程绩效的一种目标式量化管理指标）有何不同？

KPI的各组成要素基本上是相互独立的，在时间维度上也没有超前和滞后之分。它的分解与落实都是以既定目标为核心展开的，因而不能突出部门或个人的工作特色及职能。而平衡记分卡以企业总体战略为核心，将企业战略目标逐层分解转化为各种具体的绩效考核指标体系，能够较好地体现组织和个人的工作状况。

（5）有什么缺点？

①使用难度大。

②实施平衡记分卡的工作量极大。

③不适于个人使用。对于个人而言，绩效考核要求易于理解和操作，而平衡记分卡不具备这些特点。

关键点提示

管理者使用平衡记分卡进行绩效考核时，要了解以下几点：

1.平衡记分卡的定义；2.实施平衡记分卡的步骤；3.应用平衡记分卡的四个要领；4.关于平衡记分卡的五个疑问。

4.10　如何使用 360 度考核方法做绩效考核

工作场景描述

当管理者想进行全方位、多角度的绩效考核时，可查看。

解读与分析

360度考核方法即对员工的工作绩效进行全方位、多角度的考核。可以把这种考核方法设想为一个圆圈，被考核者处于圆圈中心，考核者分布在圆圈周围。

这种方法就是要扩大考核者的范围，从不同层次的员工中收集考核所需的信息，从多视角对员工进行绩效考核。它可以形成考核角度的互补，尽可能地实现考核结果的公平、公正。它与自上而下的传统考核方法的最大区别是其信息来源具有多样性，从而使得考核结果更客观、更准确、更全面。

1.360度考核的实施程序

为了确保考核能达到预期的目的，360度考核方法对其实施过程有着严格的要求。因此，必须根据企业的实际情况和需要，认真设计出规范的、有针对性的360度考核方案和方案的实施程序。

第一阶段：考核项目的设计。

先进行需求性和可行性分析，决定是否使用360度考核方法。在确定使用360度考核方法后，就要设计考核项目，确定考核的职能标准以及被考核者的主要行为。这项工作完成后，即可着手编制考核问卷。问卷的题目可依据被考核者的主要行为来设计——由于它们正是企业期望被考核者应有的行为表现，用它们作为考量的标准极有意义。

第二阶段：培训考核者。

选择考核者，组建考核队伍。应注意对考核者的选择。无论是由被考核者自己选择还是上级指定，所选定的考核者都应征得被考核者的同意，这样才能保证被考核者对考核结果的认可和接受。然后，对考核者进行向他人提供评价和反馈方法的训练。

第三阶段：实施360度绩效考核。

实施阶段主要包括以下几个环节。

（1）实施360度考核时要加强对具体实施过程的监控和质量管理。从问卷的开封、发放到问卷解答、收卷、加封保密，整个过程需实施标准化管理。如果其中一个环节的工作出现问题，则整个考核结果都是无效的。

（2）统计考核信息并报告结果。

汇总、统计考核过程中形成的各种信息，对其进行整理、分析，得出考核结果，并将结果上报给人力资源部存档。

（3）让被考核者认识到360度考核的宗旨。对被考核者进行考核方面的培训，可采用讲座、个别辅导等方法进行。要让员工体会到，360度考核的宗旨在于帮助他们改进工作绩效和完善职业生涯规划。

第四阶段：反馈面谈。

这个阶段要确定进行面谈的对象及人数，将考核结果有效反馈给被考核者，并帮助被考核者进行绩效改进和职业生涯规划。

第五阶段：考核效果评价。

（1）确认执行过程的安全性。360度考核包括了对下级、同事和其他人员的考核，要检查信息收集过程是否符合考核的要求。在处理信息时，还应充分考虑不同信息来源的评价在准确性方面的差异。

（2）评价应用效果。客观评价360度考核方法应用的效果，总结考核中的不足，为下次考核积累经验，从而使考核系统不断完善。

2.360度考核方法与传统考核方法的区别

很显然，360度考核方法不同于传统的、仅凭上级判断就直接作出结论的考核方法。传统考核方法可能存在着以下不足。

（1）直接上级的个人偏见无法消除。

（2）个人好恶的影响不可避免。

（3）如果被考核者的直接主管缺乏对被考核者的观察与了解，所掌握的信息不具体，则考核的结果既不准确也不客观。

（4）主管也许不愿得罪绩效不好的员工，不愿与这样的员工发生冲突。

（5）不同上级有不同的考核风格，考核结果之间存在一定的差异。

360度考核方法弥补了传统考核方法的不足。下表就360度考核方法和部分传统考核方法的优、缺点进行了比较。

评价技术	提供反馈和指导	分配奖金和机会	最小化成本	避免考评错误
排序评价法	一般	一般	好	一般
两两对比法	不确定	不好	好	不确定
强迫分配法	不好	不好或一般	好	一般
量表评价法	一般	一般	一般	好
关键事件法	不确定	不好	好	一般
行为锚定法	好	好	一般	好
360度考核法	非常好	一般	一般	非常好

360度考核方法涉及的人员面非常广，常常需要不同的组织者组织多个场次的现场考核才能完成。工作量大、耗费的时间多、实施成本较高是其不易克服的缺点。在实际应用中，管理者应根据企业的自身情况酌情使用，避免由于使用不当给企业带来负面影响。另外，针对不同的企业和被考核者，也可以是90度考核、180度考核等，不能搞一刀切。

关键点提示

管理者在使用360度考核方法时，需要掌握以下两点：

1.360度考核的实施程序；2.360度考核方法与传统考核方法的区别。

4.11 如何在小企业中做绩效考核

工作场景描述

当管理者想在小企业中做绩效考核时，可查看。

解读与分析

与大企业相比，小企业有自身特点，主要表现在：规模小，资金少，技术实力薄弱；企业管理家族化，经营权与决策权由领导者一人掌握，员工工作主动性与积极性得不到充分发挥，工作效率低；企业发展战略时常变更，用人标准也频繁变化，员工缺乏安全感和对企业的认同感，企业领导和员工之间互存戒心，等等。因此，管理者在小企业中做绩效考核，不能照搬大企业的那一套，应根据小企业自身的特点进行。在小企业中做绩效考核，要掌握好以下几点。

1.明确小企业绩效考核的特点

（1）小企业的领导者是“大管家”，集各种权力于一身，其行为方式和领导风格基本上决定了小企业的管理风格。企业领导者自我意识较强，往往缺乏制度观念，对员工的绩效考核带有主观性和随意性。这是由小企业发展初期的特点决定的。

（2）小企业，特别是民营小企业，由于规模小、实力弱，生产经营活动完全围绕业务开展，在实施绩效考核时，完全以业务量或销售量来衡量员工的绩效，容易忽视其他方面的因素，如员工对企业文化的认同度、员工的职业道德以及自我学习和提升的能力。

（3）小企业人员少，管理结构扁平化，人与人之间可以便捷地沟通。企业往往带有较浓厚的“家”的色彩，人情味较重，而理性的味道较淡，在绩效考核中容易出现不客观的现象。

（4）小企业的制度和业务流程不完善，同时为了应对激烈的竞争形势，在变化中求生存，小企业又要随时调整自己的经营计划，甚至要进行大的战略调整，所以类似目标管理等先进管理方法很少能在小企业中推行，这些也使得小企业的绩效考核难以有据可依。

（5）小企业的领导者往往注重通过绩效考核来检验员工的工作成果，而忽视通过绩效考核来帮助员工发现其工作中的不足并帮助员工及时调整工作方案、纠正工作缺陷以提高工作绩效。

2.把握好绩效考核的“度”

对小企业而言，绩效考核既不能过于复杂，又不能没有科学的考核程序和制度作为依据，这之间需要把握好“度”。

（1）无论制定何种考核制度，都要避免“书本制度”或“完美制度”。制度不是“快餐”，不是一次性消费，它是企业长期战略的体现，所以在讨论和制定考核制度时应尽量考虑周全，同时要考虑制度的可行性。“太完美”的制度会难以执行。对于小企业来说，可以将考核周期设定为一个季度或半年。

（2）对小企业而言，绩效考核的作用应更偏重激励。要结合绩效考核结果制定相应的薪酬体系，将考核结果直接与员工的绩效挂钩。当员工看到考核给自己带来的好处时，制度的推行才能顺利。

（3）在确保考核内容全面的同时，也要突出考核指标的重点性。对于考核指标中的业务指标，如销售额、利润、市场占有率等的权重应尽量设置得大些，而对于个人素质、能力、价值观等方面的指标权重则可设置得小些，但也须有所体现。

（4）小企业处于经营战略的不断调整之中，绩效考核的内容和指标体系不能一成不变，要反映出企业的战略重点和变化导向。但考核制度在一个战略实施时期内又应保持稳定，因此小企业可借鉴一些比较科学的管理方法，结合实际情况做绩效考核。

（5）一定要进行考核后的面谈工作。有的小企业领导者认为，考核应简单高效，将结果公布出来就算完事。这种观点是非常错误的。领导者应当通过绩效考核帮助员工认识到自己工作中存在的问题和不足，指导员工修改工作计划，提高工作效率。所以，考核后的面谈是必不可少的。小企业的领导者可以根据自身的情况，采用不同的面谈方式。如果时间紧业务忙，也可抓住与员工进行业务沟通的空隙，了解员工对绩效考核结果的想法，随时掌握他们的思想状况。

（6）做好考核者的说服工作。领导者要让考核者认识到，不能仅靠印象、关系来考核员工绩效，要依据企业制定的考核制度、考核标准对员工的绩效进行实事求是的考核，执行公平的考核制度对企业的成长必不可少。

（7）做好绩效考核工作开展前的宣传和动员，建立考核监督机制。进行考核前，企业应充分开展各种形式的宣传和动员活动，使员工认识到绩效考核的必要性，倡导考核面前人人平等的原则。

总之，小企业规模小，技术、实力都处于成长期，所以不太适合复杂而且实施成本高的绩效考核体系。对小企业绩效考核制度、考核程序、考核方法的设计，应从小企业的实际情况出发，尽量做到实用、高效，切忌复杂而不实用，或千篇一律。

关键点提示

在小企业中做绩效考核要做到以下两点：

1.明确小企业绩效考核的特点；2.把握好绩效考核的“度”。

4.12　如何确保绩效考核的有效实施

工作场景描述

当管理者想把已有的绩效考核体系顺利应用于实际考核中时，可查看。

解读与分析

绩效考核的有效实施不是一蹴而就的，它需要管理者及相关执行人员事先进行精心的准备和规划，例如，进行考核前的动员和培训，实施目标管理，优化考核制度，选择适合的考核方法，避免在考核中出现问题，做好对绩效考核过程的监控，等等。

具体来说，要保证绩效考核的有效实施，需要做好以下工作。

1.进行考核前的宣传和动员

为了使绩效考核得到全体员工的理解和支持，在绩效考核之前一定要向员工进行有效的、有针对性的宣传和动员。

（1）宣传绩效考核的科学性。

（2）宣传绩效考核的目的和意义。要让员工明白：进行绩效考核并不是为了制造员工间的差距，而是实事求是地发现员工在工作中表现出来的长处、短处，帮助员工提高工作能力，提高绩效；绩效考核的出发点和落脚点都是推动员工的潜能开发和能力提升。

（3）宣传绩效考核的公正性和考核方法的合理性。要让员工认识到：绩效考核是以确认的事实和可靠的材料为依据的，自始至终坚持公正原则，并赋予员工申诉的权利。

（4）通过宣传，让员工了解到绩效考核的有关纪律和要求，明确整个绩效考核的流程和具体的考核方法。

只要让员工明白绩效考核是一个事关双方利益、需要双方共同承担责任的工作，是要通过绩效考核来实现双方共同进步、共同成功的双赢结局，那么员工就会接受绩效考核，并积极参与到绩效考核中。

2.进行考核前的培训

由于考核者和员工在理解力、观察力、判断力以及思想倾向方面都存在一定的差异，因此，对考核者进行全面有效的培训至关重要。

考核培训包括对考核者的培训和对员工的培训。

通过对考核者的培训，可以提高考核者的业务能力，减少考核中因人为因素造成的非正常差错。对考核者的培训一般包括以下几个方面。

（1）培养考核者正确的考核态度，提高考核者对绩效考核及其意义、人力资源管理和绩效考核关系的认识。

（2）提高考核者的专业知识和考核水平。这方面的培训内容包括以下几个方面。

①正确设定考核目标和考核计划，包括业绩衡量制度的建立。

②管理工作环境——寻找消除影响工作环境的因素的方法。

③理解能力、行为——在组织中使用的特定能力或应有的行为。

④收集绩效信息并进行衡量——目的、目标、结果和行为。

⑤提供反馈和对反馈做出接收、应答。

⑥检查、确认绩效产生的原因——区分个人因素和系统因素。

⑦讨论考核结果，指导员工改进工作。

⑧进行正式和非正式的绩效检查。

通过对员工进行培训，一方面可以加强员工对绩效考核重要性的认识，另一方面也可以帮助员工掌握自我考核的相关技巧。同时，通过对员工进行培训，有助于企业绩效考核制度内在化，形成一种人人支持绩效考核的良好企业文化和工作氛围，把推进绩效考核工作与企业发展内在地联系起来。

对员工进行培训的内容如下。

①参与目标的设定，如工作目标和开发目标。

②理解能力、行为，如在组织中使用的特定能力。

③自我检查、自我考核。

④自我管理。

⑤向上提供反馈。

⑥接受反馈。

3.明确考核实施步骤

（1）准备。

①明确考核目的，确定考核对象和考核程序，建立分类分层的考核制度。

②建立执行考核的机构，明确责任，确定预期的阶段性考核效果。

③通过报刊宣传等方式在企业内营造考核氛围。

④对负责执行考核的人员和各级管理者进行培训，帮助他们掌握考核技巧。

（2）实施。

①在全面推行绩效考核制度时，先在几个部门进行试点。

②最好自上而下地实施考核，这样有利于目标的设立和压力的传递。

③对绩效考核实施全过程定期跟踪，通过访谈、研讨等方式了解绩效考核制度实施中的问题。

（3）优化。

针对发现的问题，找出解决的方法。必要时，对考核制度和相应的考核方法进行优化。

（4）结果运用。

①制作考核结果分析简报，针对考核过程中暴露出来的管理问题进行细致的分析。

②改进考核方法，使绩效考核结果相对客观公正后，再将考核结果与薪酬、晋升等挂钩。

③建立员工绩效档案。

④制订员工绩效改进计划、培训工作计划和岗位轮换计划。

4.选择考核期和考核方式

按照考核期限，绩效考核可分为定期考核和不定期考核。定期考核，又称为阶段性考核，是按照一定的时间期限和既定的项目对员工工作状况进行的考核。不定期考核，是指根据需要由考核主管部门或者企业管理者对其下属的日常工作状况随时进行考核。

通过不定期考核可以了解和掌握员工在日常工作中的能力发挥程度、工作绩效优劣和工作努力程度等，为定期考核积累资料，提供参考依据。

按照公开程度，绩效考核可分为公开考核、不公开考核或半公开考核方式。主张公开考核的企业认为：公开可使考核处于全体员工的监督下，有利于实现考核工作的公正性，同时让员工了解自己工作的优缺点。主张不公开考核的企业认为：公开容易造成考核者和被考核者之间的矛盾，挫伤相互间的感情。主张半公开考核的企业认为：公开程度要适度，应根据具体情况决定公开程度。无论采用何种方式，企业都应将考核标准和过程公开，考核结果要向本人公开，在此基础上再探索考核方法的可行性和科学性。

5.搞清考核实施中的几个重要问题

在实施绩效考核时，还应搞清以下几个问题。

（1）如何确定绩效考核的频率？一个员工多长时间应被考核一次？什么样的员工应被考核？

原则一：拥有较多特殊技能的员工考核次数应少。

原则二：对资深员工的考核应以其工作成就为基点来进行。

原则三：考核次数应与职位的工作经验成反比。

（2）如何利用绩效考核实现对员工的激励？

首先要搞清楚，激励员工不是最终目的，提升企业效益才是。利用绩效考核实现对员工的激励需从以下几个方面入手。

①考核规则清晰，考核标准合理，考核结果公正。

②制定合理的激励方案，且符合企业实际。

③有奖有罚，奖优罚劣。

④做好绩效沟通。

（3）如何明确绩效考核价值？

当企业大多数员工在其他地方和在本企业的生产率具有至少相同时，考核对企业价值不大。

绩效管理是在绩效实施过程中逐步实现的，因此如何将制订好的绩效计划、目标等在企业中认真贯彻对企业来说尤为重要。

关键点提示

管理者要使绩效考核有效实施，就要做到以下几点：

1.进行考核前的宣传和动员；2.进行考核前的培训；3.明确考核实施步骤；4.选择考核期和考核方式；5.搞清考核实施中的几个重要问题。

4.13　如何克服绩效考核中的障碍

工作场景描述

当企业无法正常推进绩效考核，需要克服障碍时，可查看。

解读与分析

在绩效考核中，由于管理者、员工以及绩效考核标准本身在绩效考核实施过程中出现的一些障碍，会对绩效考核效果产生不良的影响，企业应注意加以克服。

1.来自管理者的心理障碍

（1）对绩效功能的质疑。不少管理者愿意花大量时间和精力去进行生产技术创新和销售服务改善，但却不愿意在绩效考核中多投入一点精力。因为他们认为在生产和销售上的投入可以迅速获得收益，而对在绩效考核上的投入能否真的产生效果则半信半疑，所以他们在绩效考核实施中不尽全力，使绩效考核流于形式。

（2）人情的障碍。受中国传统的人情观念的影响，许多管理者成了“与人为善”的老好人，在实施绩效考核时不愿意扮黑脸，不愿对员工作负面评价，以免“伤感情”。特别是在一些企业中，考核结果与薪酬挂钩，涉及员工的切身利益，考核中的偏差极易引起员工的不满，所以大多数管理者不愿为此背黑锅。而且，负面结果容易挫伤员工的工作信心和士气，影响员工的工作积极性，这也是管理者不愿看到的。因此不少管理者视绩效考核如“鸡肋”，用之无效，弃之又可惜。

2.管理者心理障碍的克服

（1）确信绩效考核能带来经济效益。

管理者应明确，绩效考核虽然不是一项经济行为，但它给企业带来的经济效益并不低于新增资本的投入和新技术的使用给企业带来的经济效益。管理者还应明确，绩效考核通过改善员工的工作表现，提高员工的满意度和成就感，能在企业绩效的提高工作中起到事半功倍的效果。

（2）做到心底无私天地宽。

在春秋战国时期，晋国有个叫祁黄羊的人。晋平公让他推荐一个人去当县令，他推荐了自己的仇人解狐。晋平公又请他推荐一个人去当国尉，他推荐了自己的儿子祁午。这两个人都很称职，成就了一段“内举不避亲，外举不避仇”的历史佳话。

由此可见，管理者只要做到：一为了整体利益，二出于公心，三能知人善任，就能调动一切可以调动的积极因素。绩效考核也是这样，只要管理者从实际出发，实事求是，在考核中不怀偏见，对待员工做到“一碗水端平”，无论考核结果如何，只要过程公平、公正、透明，员工都是能接受的。

3.来自员工的心理障碍

就员工而言，他们通常认为绩效考核过程不够严谨，自己表现好的方面总是难以被发现，而一些无意间造成的差错却可能导致自己受到惩罚，由此产生“考核就是报复”的错觉。也因此，他们常常对绩效考核抱有戒心，采取不合作、不服从的态度。

4.员工心理障碍的克服

员工是需要考核的。员工对考核形成的心理障碍源于他们对绩效考核的误解，要消除这种误解，最好的办法是让员工参与考核。员工的参与可表现为以下多个方面。

（1）让员工参与考核标准的制定。自己给自己设立标准，这样的标准就是员工对工作的一种承诺。有了这种承诺，员工自然就会尽力工作。这样，在实施绩效考核时，即便员工因自己的工作绩效没有达到标准而受到惩罚，也不会有怨言和猜忌。

（2）在考核过程中，使考核对象、内容、程序以及考核结果完全公开化，让员工对整个考核过程了解得清清楚楚，从而对绩效考核产生信任感。

（3）考核时可以结合自我考核的方法，给员工一个充分表达意见的机会，同时也让管理者全面地了解员工，减少双方之间不必要的矛盾。

5.来自绩效标准的障碍

（1）创意的价值不易量化为绩效考核的标准。例如，有一家餐厅在店中新设了一个阅报栏，将各种报纸贴在其中，供人们在餐前餐后阅读，结果吸引了大批的顾客上门就餐。那么，对于增设阅报栏的这一创意，应如何考核呢？

（2）绩效标准容易忽视不可抗力因素。绩效标准是针对一般情况制定的，很难做到将所有情况都涵盖。例如，同一企业中的甲和乙两人分别负责东南亚和欧洲的业务，两位业务员都很努力地工作。但由于东南亚出现金融危机，各国经济普遍不景气，致使甲的业务量下降了很多，最终没能完成预定目标。此时对甲的绩效考核结果是否应定为不合格？

6.制定切实可行的绩效考核标准

（1）关于创意问题。企业的经营离不开创意，而企业经营的目的是获得利润的最大化。所以，企业虽然无法直接考核创意的绩效如何，但可以以创意带来的经济效益对相关人员进行绩效考核。

（2）在制定绩效考核标准时，虽然很难排除外在因素，但在绩效考核结果的分析上，却可以结合外部环境的变化进行深层次考核。可以采用延长考核时间或岗位轮换的办法，为员工提供更多的公平考核的机会，然后再作出考核结论。

在考核之前，应广泛地宣传绩效考核的目的和意义，争取管理者和员工的支持，从而使绩效考核在企业的经营管理中充分地发挥作用。

如何发现并克服绩效考核中的障碍是需要管理者花费时间和精力去研究的。只有克服了相关障碍，绩效考核才能顺利进行，达到预期目的。

关键点提示

要想保证绩效考核的顺利进行，就要克服考核中的相关障碍：

1.来自管理者的心理障碍；2.来自员工的心理障碍；3.来自绩效标准的障碍。

4.14 如何识别和区分考核误差

工作场景描述

当考核者想明确识别和区分绩效考核中出现的各种误差时，可查看。

解读与分析

企业在进行绩效考核时，应做到客观和公正，力求使考核结果准确无误。但由于考核者自身的一些原因，绩效考核会出现一些误差。因此，识别和区分各种考核误差，对提高绩效考核的效率和考核结果的准确性具有不可忽视的作用。

1.晕轮效应误差

晕轮效应是指当一个人有某种显著的优点时，人们会认为他在其他方面也有同样的优点，并将这种优点放大。

在绩效考核中，晕轮效应是指考核者在对被考核者进行绩效考核时，往往会把绩效中的某一方面或与绩效考核无关的因素看得过重，从而影响整体考核的效果。晕轮效应会导致考核者对被考核者的评价过高或过低。例如，某位员工很会处理人际关系，和考核者关系很好，考核者会认为他各方面能力都很强。相反，如果另一位员工平时很少和人接触，工作比较随意，考核者就会对他产生“工作不负责任”的印象。然而事实上，后者的工作创造能力可能比前者更强，业绩可能更好。

2.首因效应误差和近因效应误差

在绩效考核中，首因效应是说当被考核者在第一次见面时给考核者留下良好的印象，考核者在考核时就很容易发现他的成绩。即使被考核者有一些小错误，考核者也可能会为他开脱，如对被考核者作出“这项工作有一定难度，完成不好也是情有可原的”等类似的评论。相反，如果被考核者在最初的见面中没有给考核者留下好印象，那么在以后的考核中考核者就很容易发现他的缺点。即使被考核者做出很出色的成绩，考核者也可能会认为“有什么了不起的，这是团队共同努力的结果”。首因效应会对绩效考核产生消极作用，使得考核结果难以反映员工的真实工作业绩。

一般情况下，人们对近期发生的事情印象较深，而对发生时间较长的事情印象较浅，这就是近因效应。这种现象在绩效考核中也经常出现。当考核者对员工一段时期内的工作绩效进行考核时，往往注重员工近期的工作表现，以员工近期的表现代替员工在整个考核期的工作表现，从而造成考核误差。

这种偏见会对一些员工产生较严重的影响。例如，某个员工平时的工作表现一贯较好，但却在考核前的一两周内犯了错误，使得考核者对他的错误印象非常深刻，直接影响到他的考核成绩。

3.趋中误差

在考核中通常会出现一种趋势：尽管被考核者的工作表现是不同的，但考核结果却是趋同的。例如，一家企业的考评等级是1~7，考核者通常会避开较低的等级（1、2），也会尽可能地避开较高的等级（6、7），而在3~5等级范围内对员工的工作表现进行评定。

这样就会形成一种“枣核状”的考核结果：表现好的和表现差的员工数量都很少，大部分人都是表现一般的。这种过于集中的考核结果会扭曲绩效考核的本意，大大降低考核对员工的激励作用，挫伤员工的工作积极性；同时，在对员工进行晋升、奖惩时，其借鉴作用也大大降低了。

4.感情效应误差

人都是有感情的，会不可避免地将自己的感情带入所从事的活动中。在绩效考核中，考核者有时也会掺入自己的情感因素。考核者可能会由于与被考核者感情的好坏程度不同而自觉或不自觉地对其绩效考核给出偏高或偏低的结果。为了避免感情效应造成考核结果出现误差，考核者一定要避免在绩效考核中掺入个人情感因素，应努力站在客观的立场上，力求实现考核结果的公正、公平。

5.从众心理误差

在日常生活中，从众心理现象随处可见。例如，当大家都在夸一件衣服的颜色和款式好时，即使你并不看好，也会不自觉地随声附和，跟着大家一起称赞。再比如，在做一道数学题时，如果大家的答案都一样，只有你的不同，这时你可能会怀疑自己的答案是否正确，这就是从众心理的表现。人们总是在避免自己的意见与大家的意见不同。在绩效考核中也常常出现这种情况。当其他考核者对被考核者作出“绩效很差”的评价时，即使你很欣赏被考核者，为了避免与大家的意见不同，你很有可能也会作出“绩效很差”的评价。

这种从众心理会削弱考核的客观性、公正性，也使得考核结果出现误差，无法为人力资源部的相关决策提供依据。

6.相似性误差

在进行考核时，有的考核者会拿自己的性格、能力、工作作风、行为方式等与被考核者进行比较，如果被考核者在这些方面和自己较相似，考核者就会不由自主地对其作出较高的评价。相反，对于那些行为方式等与自己明显不符的员工，就会给出较差的评价。

这种误差通常都是考核者在不经意间产生的，并非考核者故意造成的，但也确实对考核结果产生了不良的影响。

7.暗示效应误差

暗示效应是指在无对抗的条件下，用含蓄、抽象、诱导的间接方法对人们的心理和行为产生影响，从而诱导人们按照一定的方式去行动或接受一定的意见，使其思想、行为与暗示者期望的目标一致。在考核中，这种暗示效应是很常见的。考核者在管理者或权威人士的暗示下，很容易受到他们的想法的影响，而改变自己已有的看法。例如，某企业评选“优秀员工”，企业管理者在给员工开动员会时，常常会有意无意地提及“大家工作都很努力，特别是×××表现尤其突出”。这样看来，不用再评选了，×××理所当然地要被评为“优秀员工”。这样就可能导致考核结果出现误差。因此，考核者在实施考核时，应尽可能将管理者或权威人士的发言放在最后作为参考，这样就能最大限度地避免暗示效应对考核造成负面影响。

8.对比效应误差

对比效应是指在绩效考核中，他人的绩效影响了对某人的绩效评定。当考核者对某个员工进行考核时，很容易受到前面已考核员工的成绩的影响。通常情况下，如果一个团队中大部分成员的工作业绩都不太好，那工作业绩较好的员工就会被认为是特别优秀的；反之，如果整个团队的工作业绩都非常出色，那工作业绩一般的员工就会被认为业绩很差。

9.偏见误差

有些误差是由于考核者对被考核者的某种偏见造成的，会影响对被考核者工作业绩的真实考核。例如，在企业中，技术人员往往觉得职能部门的人只会“纸上谈兵”，如果由他们当考核者，职能部门的人获得的评价肯定不高。在考核过程中，管理者个人的偏见会导致他对某名员工的工作业绩作出不公正的评价，从而影响员工的工作积极性。

10.过严、过宽误差

有一些考核者出于某些原因，总是以较严的考核标准来进行考核，这就是所谓的过严考核，它会导致大多数员工被评为“不合格”或“勉强合格”。也有一些考核者总是以较宽的考核标准来进行考核，从而产生过宽误差，导致大多数员工被评为“优秀”。

11.盲点误差

有的考核者自身存在着某种缺点，因此在考核中会忽视被考核者存在的同样的缺点，形成考核中的盲点。盲点也会导致考核误差产生。

12.记录效应误差

考核者有时会忽略员工实际的工作表现，而只注重工作记录的情况。如果某员工在上次考核中得分较高，即使在这次考核中表现不是很好，考核者对他的打分通常也不会低于上次。

13.完美主义误差

如果考核者本身是个完美主义者，他就会将员工的缺点放大，在考核中对员工作出较低的评价，造成完美主义误差，从而影响考核的客观准确，打击员工的工作士气和积极性。

在实际考核过程中，上述误差是很常见的，同时又是很难完全避免的。有些误差虽然不是考核者故意制造的，但却影响考核结果，因此管理者应当给予重视，采取必要的措施避免或消除误差。

关键点提示

在绩效考核中易出现的考核误差如下：

1.晕轮效应误差；2.首因效应误差和近因效应误差；3.趋中误差；4.感情效应误差；5.从众心理误差；6.相似性误差；7.暗示效应误差；8.对比效应误差；9.偏见误差；10.过严、过宽误差；11.盲点误差；12.记录效应误差；13.完美主义误差。

4.15 如何减少考核误差

工作场景描述

当管理者想减少绩效考核误差时，可查看。

解读与分析

受种种因素的影响而产生的考核误差，会使绩效考核的效果大打折扣。因此，管理者应采取各种有效的措施来减少和消除考核误差，使考核的客观性、公正性、有效性达到最大化。避免绩效考核出现误差的措施如下。

1.克服绩效考核的“先天性心理障碍”

企业管理者对绩效考核结果存疑，可能是因为考核者对考核标准、考核方法等应用不当，导致考核误差出现，也可能是因为其对绩效考核实施的前提认识不清。要消除考核的负面效应，应明确考核的动机和目的，对于考核中容易出现的问题和错误有个清醒的认识，并做好考核准备工作，这样，考核的成功率就会大大提高。一个比较有效的方法就是对考核者和被考核者进行绩效考核方面的培训。

2.通过绩效标准的定义和特征来强化员工工作界定

很多绩效考核之所以无法实现，原因之一就是绩效标准没有明确的定义及特征。考核的重点应放在被考核者的工作上，而不要被其他方面所左右。在考核表中不要使用概念界定不清的措辞，以避免不同的考核者在考核时产生不同的理解。考核目标要明确，要尽可能地将目标层层分解至可度量的程度。建立“恰当”和“实际”的考核标准，有利于准确界定员工的工作业绩，否则绩效考核结果会大打折扣。

3.对员工工作进行全面系统的考核

绩效考核是要考核员工工作的每一个层面，而不是就事论事地进行笼统的评价。考核前应收集各种与考核相关的信息与数据，考核后要将考核结果与绩效标准进行比较。不要一次考核太多员工，避免前松后紧或前紧后松，否则会有失公允。此外，最重要的是要让员工觉得考核结果公平并可以接受。

4.强调绩效反馈面谈的重要性

绩效反馈面谈是绩效管理中的重要环节，它可以增强管理者与员工沟通的效果。面谈不仅能使管理者与员工双方就考核结果达成共识，也为彼此之间建立感情和默契提供了良好的机会。

5.考虑人情世故因素

很多人爱面子，做事喜欢讲人情，这就使绩效考核的实施面临一定的阻力，但这并不是能否实施绩效考核的原则性问题，只是如何恰当地实施绩效考核的技巧问题。在实施绩效考核时应充分考虑人情世故这一因素，巧妙地处理好“人情”“面子”方面的问题，争取得到员工的全力支持和配合。

6.请员工进行自我考核

请员工进行自我考核可以减少员工与管理者之间的摩擦。在以明确的工作说明书为基础的绩效考核体系中，员工绩效目标的实现与绩效标准的实施，通常是以“员工亲自参与”为前提的。在绩效考核中，员工如果能根据设定好的绩效标准进行自我考核，就能更客观地接收考核的结果，这样有助于减少绩效考核实施的阻力。

7.避免因各种效应和个人偏见而造成的考核误差

（1）避免产生晕轮效应误差。

在进行绩效考核时，绝对不能掺入个人的感情色彩，尤其不能对被考核者抱有成见。同时晕轮效应产生的误差，可以通过加强对考核人员的培训来避免。

（2）避免产生首因效应误差。

考核者不能带着自己的主观意愿进行考核，考核时不能有先入为主的印象。应当从员工实际的工作表现出发，对员工的业绩作出客观公正的评价。

（3）避免产生近因效应误差。

为避免近因效应产生的误差，较为有效的方法是由管理者和员工一同记录平时所发生的关键事件。虽然这样做会花费很多时间，但记录的材料却能确保被考核者在整个考核过程中的工作表现都被纳入最后的绩效考核中。

（4）避免产生趋中误差。

应严格地按照考核标准来进行考核，取得什么样的结果，就给予什么样的评价。

可以考虑对员工实施等级考核法，这样所有员工都按业绩名次进行排列，其绩效状况一目了然，从而避免了把大部分人的业绩评为中等级别的可能。

（5）避免产生从众心理误差。

要坚持自己的看法，不要盲目地跟随别人；不要轻易地受到别人的影响而改变自己的想法，要进行独立判断。只有这样才能从不同的视角出发，真正了解被考核者的工作表现和业绩。

（6）避免产生偏见误差。

应由更高层的主管人员对考核者所进行的考核工作进行指导和监督，对其不合乎考核标准和要求的行为要及时进行纠正。同时，对考核者做出的考核结果进行检查并予以校正。这样可以避免员工的考核信息处于“被扭曲”的状态。

（7）避免产生过严、过宽误差。

克服这两种误差的办法如下。

①对主管进行培训，激励他们正确进行考核。

②控制考核结果的分布状况，使考核结果接近正态分布。

③制定多维度的、清晰的考核标准。

（8）避免产生盲点误差。

解决办法是将考核内容和考核标准细化和明确，并要求考核者严格按照考核要求进行考核。

（9）避免产生完美主义误差。

要解决这个问题，首先要使考核者明确考核的原则和操作方法；其次可以适当增加员工自评次数，将员工自评结果与考核者的考核结果进行比较。如果两者之间差异比较大，则应对本次考核进行认真的分析，找出误差产生的原因。

在绩效考核过程中出现误差并不可怕，只要采取适当的、有效的措施，同时改进绩效考核工作，就可以减少直至避免误差的出现。对症下药才可能药到病除。

关键点提示

避免绩效考核出现误差的措施如下：

1.克服绩效考核的“先天性心理障碍”；2.通过绩效标准的定义和特征来强化员工工作界定；3.对员工工作进行全面系统的考核；4.强调绩效反馈面谈的重要性；5.考虑人情世故因素；6.请员工进行自我考核；7.避免因各种效应和偏见而造成的考核误差。

第5章

绩效沟通常见问题

绩效沟通是绩效管理工作的媒介，没有沟通就没有绩效管理。所以，绩效沟通的恰当运用是达成绩效管理目标的关键。如何做到有效沟通，如何将沟通转换为绩效考核双方互动的愉快的交流过程，是管理者必须重视并妥善处理的问题。

5.1　如何做好绩效沟通

工作场景描述

当管理者在绩效管理活动中想与员工更好地交流沟通时，可查看。

解读与分析

管理者和员工通过协商共同制定了绩效计划和目标，但这并不意味着此后的绩效计划和目标的执行过程就会一帆风顺。管理者还应问这样几个问题：员工会完全按计划开展工作吗？计划考虑到全部需要考虑的问题了吗？很显然，答案是否定的。

1.为何要进行绩效沟通

在绩效管理中，管理者与员工进行持续不断的沟通的目的如下。

（1）通过沟通随时对绩效计划进行调整。俗话说“计划赶不上变化”，如今的工作环境中竞争加剧，变化因素也在不断增加。随着环境的变化，彼时的绩效计划此时有可能已变得无法实现。因此，管理者需要和员工不断地沟通，以便对绩效计划进行调整，使之适应不断变化的环境。

（2）让员工了解在执行绩效计划过程中需要的信息。员工在执行绩效计划时需要了解的信息有以下两类。

①关于如何解决工作中困难的信息。由于工作环境的多变，员工的工作也变得复杂。在制订绩效计划时很难预见到所有的困难和障碍，员工不希望在遇到困难时孤立无援，他们希望能得到管理者相应的指导和帮助。

②关于自己工作做得怎样的信息。员工都希望能随时得到关于自己工作绩效的反馈信息，以便不断改进自己的工作绩效和提高自己的工作能力。

（3）管理者需要在员工执行绩效计划的过程中及时掌握计划的进展情况，了解员工在工作中的表现和遇到的困难，协调团队工作，对员工进行经常性的指导。

2.绩效沟通的主要内容

在开始沟通之前，管理者和员工要各自反思相关的问题。

管理者：我要从员工那里得到什么信息？我应给员工提供什么信息和资源以帮助员工完成工作目标？

员工：我要从管理者那里得到什么资源和信息？我需要管理者提供什么帮助以保证更好地完成工作目标？

由此可以看出，管理者和员工都希望通过沟通找到与达成目标有关的一些问题的答案。绩效沟通的主要内容有以下几点。

（1）工作进展情况如何？

（2）团队和员工是否在达成目标的正确方向上开展工作？

（3）如产生偏离方向的趋势，要采取什么样的措施来扭转这种趋势？

（4）哪些方面的工作进行得好？

（5）哪些方面的工作遇到了困难和障碍？

（6）依据目前的情况，要对工作目标和达成目标的行动做出哪些调整？

（7）管理者可以采取哪些行动来支持员工？

3.正式的绩效沟通方式

沟通有各种各样的方式，如口头方式、书面方式、会议方式、谈话方式等。每种沟通方式都有自身的优点和缺点，都有最适用的情境。根据沟通情境来划分，沟通方式主要可以分成正式沟通和非正式沟通两种方式。正式沟通就是事先安排好的，在正式的情境下按照一定的规则进行的沟通。正式沟通主要有以下几种方式。

（1）书面报告。这是正式沟通中较常用的一种，即由员工通过文字或图表的形式向管理者报告工作情况。书面报告可以是定期的，如工作日志、周报、月报、年报等，也可以是不定期的。

书面报告的优点表现在以下方面。

①可以提高员工理性、系统考虑问题的能力，增强员工工作的逻辑性。

②可锻炼员工的书面表达能力。

③可在相对较短的时间内收集到大量的反映员工工作状况的信息。

④在管理者和员工因故不能见面时尤其有用。

当然书面报告也有不尽如人意的地方。

①是一个从员工到管理者的单向传递的过程，缺乏双向的信息交流。

②大量的文字会使沟通流于形式，员工也会由于浪费时间而感到厌烦。

③只实现了单个员工和管理者之间的信息交流，没有在团队中实现信息共享。

对于上述书面报告的缺陷，可以采取下面的方式来弥补。

①将书面报告与面谈、会议等沟通方式相结合，将单项的沟通转变为双向的沟通。

②简化书面报告中的文字内容，只保留必要内容。

③充分利用现代化的信息交流工具，如QQ、微信、邮件等，提高书面报告的交流速度和效率。

（2）会议沟通。书面报告没有面对面直接沟通的机会，而会议沟通在此方面具有不可替代的优势。

会议沟通的优势如下。

①增加了面对面直接沟通的机会，满足团队交流的需要。

②管理者可以借开会的机会将企业战略目标等信息传递给员工。

会议沟通的劣势如下。

①比较耗费精力和时间，且要求管理者具有较高的沟通技巧。

②有些问题不适于在会议中讨论。

③与会者的需求不同，会对会议中传递的信息进行选择性过滤。

④如安排不好，会影响员工工作。

在会议沟通中，管理者要尽量把握以下原则。

①针对不同的员工召开不同的会议。

②运用沟通技巧营造开放沟通的氛围，不要将会议开成批判会。

③合理地安排时间，以不影响员工工作为宜。

④在会上讨论一些共同的问题，不要针对个人。

⑤鼓励员工自己组织会议。

（3）面谈沟通。这种管理者和员工一对一的沟通方式有许多优点，具体如下。

①可以使管理者和员工较深入地沟通。

②因信息的沟通控制在两个人的范围内，可以谈论一些不宜公开的问题。

③可以给员工一种受到尊重的感觉，有利于建立管理者和员工之间的融洽关系。

④管理者可以因人制宜地给予员工帮助。

但在面谈时要注意以下问题。

①不能仅谈论员工的工作，更要让员工知道他们所做的工作是与企业目标相联系的。

②管理者应尽量让员工多谈自己的想法和做法，以了解员工的真实想法。

③及时纠正员工无效的行为和想法。

④让员工了解到，管理者在绩效管理中既不能对员工听之任之，也不能代替员工做决策。

4.非正式的绩效沟通方式

对于一些员工来说，任何形式的正式沟通都会让他们感到紧张，许多真实的想法都无法表达。而采用非正式沟通方式，更容易让员工表达自己的想法。非正式沟通无处不在、无时不在，可以说，正式沟通以外的沟通都是非正式沟通。午餐时间、咖啡厅都可以进行非正式沟通。非正式沟通的优点如下。

①形式多样灵活，不用刻意去准备，不易受时间和空间的限制。

②解决问题及时。

③员工容易接受，比较高效。

④容易拉近管理者和员工之间的距离。

非正式沟通包括以下方式。

（1）走动式。管理者在工作中不时到员工中间走动，与员工进行交流，解决员工提出的问题。这是一种常用且比较容易奏效的方式。管理者对员工及时的关心会使员工感到工作压力减轻了许多。

管理者切记不要过多干涉员工的工作，不要指手画脚，否则会使员工感觉管理者是在进行突击检查，反而加重了员工的心理负担。

（2）开放式。开放式是指管理者的办公室随时向员工开放，只要没有客人或会议，员工随时可以进办公室与管理者沟通交流。

这种方式的最大优点是将员工置于比较主动的位置上，员工可根据自己的意愿，随时与管理者沟通，并可以较多地主导沟通内容。

（3）工作间歇时的沟通。管理者可以在与员工共进午餐、喝咖啡时聊聊天，但注意不要谈论严肃的工作问题。可以找一些比较轻松的话题作为开始，自然而然地引入一些工作问题。

（4）非正式会议。如联欢会、生日会等非正式的团队活动。管理者可以在比较轻松的气氛中了解员工的工作情况，同时管理者可以借此形式发现团队中存在的一些问题。

5.何谓良好的绩效沟通

（1）良好的绩效沟通不等于达成协议。当一场争论持续进行了很久时，人们往往认为这是缺乏沟通导致的。然而调查表明，此时正进行着大量有效的沟通，每个人都能充分了解对方的观点。良好的沟通不一定能使大家意见保持一致。作为管理者，就要广泛听取来自各方的不同意见，来弥补自己看问题的不足，从而做出正确的决策。

（2）良好的绩效沟通不等于传递信息和观点。管理者最容易犯的一个错误就是将良好的沟通与传递信息等同起来，因此管理者总是处于训话者的位置。即便出现了上情无法下达的情况，管理者依然认为是自己没有表达清楚，因此始终扮演着“说客”的角色。对信息和观点进行传达只是单向的沟通，像一条带着箭头的直线，有去无回，缺乏反馈。而良好的沟通是一条闭合线，将信息传递出去后，还会带着新的信息返回，是双向的沟通。

不懂沟通的管理者是不可能领导好一个高绩效的团队的。再完美的考核制度都无法消除因管理者和员工之间缺乏沟通而产生的消极影响，而良好的绩效沟通能及时排除障碍，最大限度地提高团队和员工的工作绩效。

关键点提示

管理者在同员工进行绩效沟通时，应该明确以下几点：

1.为何要进行绩效沟通；2.绩效沟通的主要内容；3.正式的绩效沟通方式；4.非正式绩效沟通方式；5.何谓良好的绩效沟通。

5.2 如何进行绩效面谈

工作场景描述

当管理者想了解采取什么样的方法来提高绩效面谈的效率时，可查看。

解读与分析

绩效面谈是个双向沟通的过程。在绩效面谈中，管理者要与员工进行亲切的交流，要耐心仔细地倾听员工说话，让员工畅所欲言，而不要让其有防范心理，对工作有所隐瞒。

1.晓之以理，动之以情

面谈是一个管理者和员工讨论工作、交流情感的过程。在面谈中，管理者对员工应当做到晓之以理，动之以情。

（1）体谅。即体谅员工的处境。尤其是当员工对自己的失误行为做出解释时，管理者让使员工体会到自己对他的心境是理解和同情的。同时，在面谈中管理者要充分利用一个真诚的微笑、一个赞许的点头、一个充满热情的肯定等，来表达自己对员工谈话的鼓励，让员工能无所拘束地表达自己的意见，而不要对员工进行任何形式的责备。这样有利于员工将心中的话全盘托出，便于管理者找到突破口，发现员工工作中存在的问题及形成原因，为下一步指导员工改进工作做好准备。

（2）建议。针对员工工作中存在的问题提出相关建议以及问题的解决之道，这是面谈的主要目的之一，也是一个比较敏感的面谈话题，管理者要注意把握好分寸。

①在听取员工意见时，管理者不要发表会挫伤员工自尊心的言论，因为这样会使谈话气氛变得紧张，在客观上迫使员工偏离面谈的主题，转而为自己辩护。

②不要急于对问题表态，要等待时机。

③表态时要注意措辞，最好采用建议或劝告的形式，这样有利于员工接受。

（3）解决问题。这是面谈全过程中的最后一步，也是很关键的一步。员工出于面子和感情等多种原因，一般会为自己的失误行为找理由辩护。此时，管理者应保持同情的态度，而不是针锋相对地指责员工。管理者应采用诱导的方式，以商量的语气，让员工自己提出改进工作的方案，使员工觉得自己是工作的主人，是企业的主人，有真正参与到企业建设中的感觉。

2.营造融洽的面谈气氛

由于职位不同，员工和管理者之间总是存在地位上的差别。要想使面谈顺利进行，管理者就必须尽量通过各种方式营造融洽的面谈气氛，以淡化这种地位上的差别，使面谈变得轻松自如。那么，如何营造融洽的面谈气氛呢?

除了要选择一个最佳的谈话场所和时间外，让员工和管理者并肩而坐进行交谈也是很重要的。办公桌的主席象征着权力，它向坐在两旁的人们表明，主人有权指示你们应该如何如何，只有越过这个有形的屏障，以朋友或同事而不是老板的身份与员工交谈，才能在比较轻松的气氛中研究工作。

有人认为日立公司高速发展的原因之一是他们举行会议时使用了一种特殊的圆形桌子。日立公司的会议桌是圆形的，没有职位高低之分，员工坐在哪儿都行。这种不分地位等级的会议桌，使员工和管理者之间的屏障被消除了，员工的人格受到了尊重，有益于管理者和员工之间的意见交流。

此外，在正式交谈之前，应花几分钟与员工进行应酬似的交谈，以消除员工的紧张情绪。总之，要记住，在面谈中管理者对待员工要像对待一个多年的老友那样亲切，而不能像对待犯错的小孩那样，对员工板着面孔，摆出一副唯我独尊的姿态。

3.设计一个好的开场白

中国有句俗语：“万事开头难。”面谈中最不好处理的事情，就是员工走进办公室之后，管理者该如何开场。特别是对一位有“备”而来的员工，如何将他的注意力从他认为的不公平之处转移开来，使双方以平静的心情进行交流，就更难了。那么，面谈时该如何开场呢？以下一些比较常用的开场白可以借鉴。

（1）“咖啡还是茶？”这种像老朋友似的问候，可以消除员工的戒备心理，让管理者显得亲切和随和。

（2）“听说你女儿考上重点高中了。”聊员工感到最高兴、最自豪的事情，这样的开场白会使员工兴奋，甚至一开始的不平等的感觉员工也会忘得一干二净。

4.清楚地说明面谈要解决的问题

面谈开始时，管理者如果能让员工清楚地了解此次面谈的目的是什么，整个谈话过程可能就会一帆风顺。如果管理者因顾虑引起矛盾而吞吞吐吐，欲言又止，员工就会感到局促，不敢说出真心话，从而使面谈流于形式。

5.洗耳恭听

管理者在沟通中常犯的一个错误是喜欢不停地自顾自地说，很少给员工说话的机会，也不注意倾听员工说的话。这样的沟通是很难产生效果的。在沟通中，管理者应当少说，让员工多说。当涉及员工工作中的问题时，管理者要认真倾听员工的解释。倾听不是一般的听。芝加哥大学对100家企业的高级管理者倾听能力的研究表明，管理者用在倾听员工谈话的时间占他们整个工作时间的40%，但一些管理者只能记住员工谈话内容的25%。这就是说，管理者要提高自己的倾听能力。

在面谈中，管理者倾听员工说话时需要做到以下几点。

（1）全神贯注地听。倾听时要以员工为中心，将所有注意力都放在员工的谈话内容上，把自己的偏见撇开，控制住自己的情绪。

（2）进入角色地听。管理者可以进行“换位思考”，把自己放在员工的位置，设身处地地为员工着想，并把自己的理解告诉员工。这样，管理者就可以获得员工的信任，从而使员工愿意说出心里话。

（3）有耐心地听。不管员工说什么，都要等待、观察，要耐心地、心平气和地倾听。

（4）反馈性地听。在倾听过程中，管理者可以间或概括一下员工的谈话内容，以表明自己正在关注员工的谈话内容。

6.避免冲突，善于给员工台阶下

在面谈中，员工出于一种自我保护的本能，往往会排斥自己不愿意接受的信息，甚至可能为此与管理者发生冲突。所以管理者应尽量避免造成双方对立及争辩的局面，要始终保持自由、开放的谈话状态，这样才有助于达成面谈的目的。

作家冯骥才到美国访问时，一位美国朋友带着自己的儿子去看望他。在他们谈话时，那个孩子在冯骥才的床上拼命地跳，如果直截了当地请他下来，势必会使其父感到难堪。于是冯骥才幽默地说："请你的儿子回到地球上来吧。"这样既达到了目的，又避免了尴尬。

面谈中，员工有时可能会感到有些事情确实是自己做得不对，但又不好意思直接承认。此时，管理者不应一直追问，而应设法挽回对方的面子，给对方一个台阶下。

7.以积极的方式结束面谈

能在愉快的气氛中进行的面谈才是成功的面谈。因此，除了在面谈中让员工畅所欲言之外，在结束面谈时，管理者也应尽量采取积极的令人振奋的方式，让员工满怀积极的情绪离开，而非不欢而散。

要做到这一点，管理者就要在该结束时果断结束面谈，不拖泥带水，否则会使员工反感。当出现以下情形时，必须马上结束面谈。

（1）下班时间到了。

（2）员工已有明显的倦意。

（3）员工突然有急事要办。

（4）彼此的信任瓦解，谈话陷入僵局。

此外，在面谈结束后，管理者应回顾整个面谈的过程，总结经验教训，作为下次面谈的改进依据。

关键点提示

要同员工进行成功的、有效的绩效面谈，管理者就要做到以下几点：

1.晓之以理，动之以情；2.营造融洽的面谈气氛；3.设计一个好的开场白；4.清楚地说明面谈要解决的问题；5.洗耳恭听；6.避免冲突，善于给员工台阶下；7.以积极的方式结束面谈。

5.3 如何与不同的员工进行绩效面谈

工作场景描述

当管理者想与具有不同特点的员工进行绩效面谈时，可查看。

解读与分析

在绩效面谈过程中，管理者会遇到能力、性格等各异的员工，应根据不同员工的不同特点与他们进行绩效方面的交流和沟通。

1.优秀的员工

管理者在与优秀的员工面谈时要注意以鼓励为主。因为优秀的员工在其职责范围内工作得很好，并且有很多别的员工所不具备的优点，所以首先一定要对员工的优秀表现加以肯定，并多了解一些他做得好的方面的相关工作经验，以便在其他员工中推广。另外，优秀的员工往往有比较强烈的个人愿望，在绩效面谈时可以花多一些时间了解他的未来发展设想。有时候，管理者和优秀员工可以一同制订未来发展计划。最后要注意的是，优秀的员工往往比较自信，对晋升和加薪等事项会特别关注。在这种情况下，管理者就应该谨慎对待，不应轻易作出加薪或晋升的承诺，以免不能兑现。

2.一直无明显进步的员工

有的员工绩效总是停滞不前，没有明显的进步。对于这种员工，首先应分析一下其绩效没有进步的原因是什么。一般来说有以下几点。

（1）员工个人动机问题。自己为自己设定的工作目标较低，没有提出更高的要求。

（2）当前的职位不合适。这个员工可能有许多潜能，也有成功的愿望，但在现有的职位上其潜能没办法发挥出来。

（3）工作的方法不对。有的员工虽然在一个职位上工作了很久，但却一直没有找到适当的工作方法，所以业绩始终上不去。

（4）有其他的个人困难。

对于绩效一直没有进步的员工，管理者应与其进行开诚布公的交流，查明个中原因，再对症下药。如果是个人动机不足，应充分肯定员工的能力，必要时还可以采用“激将法”。如果是现在的职位不适合这位员工，一方面应听听员工的想法，另一方面要帮助员工分析什么职位合适。如是员工的工作方法不对，就应帮员工分析在工作中还有哪些方面可以改进。

总之，管理者既要让员工看到自己的不足，又要切实地为员工着想，帮助员工找到改进工作、提高绩效的有效方法。

3.绩效差的员工

管理者可能都会有这样的感觉：与那些绩效较好的员工进行绩效面谈是件很愉快的事情；相反，和那些绩效差的员工进行绩效面谈却是件令人头疼的事情。绩效差的员工通常很难面对一个很差的评价的事实，但管理者却要让他们面对。有的绩效差的员工会比较自卑，认为自己一无是处；有的绩效差的员工认为自己并不差，因而在绩效面谈中就会与管理者发生冲突。面对绩效差的员工，管理者要注意的一点就是一定要具体分析其绩效差的原因，根据原因提出相关意见，或鼓励，或进行委婉的指责，不要一概而论。

4.年龄大、工龄长的员工

有的年龄大、工龄长的员工曾经为企业做过很大的贡献，而现在可能对一些新技术、新知识掌握得比较慢，因此绩效可能不高。这样的员工可能会有各种想法，比如一些年轻员工业绩比他好，提升比他快，他就会感到心理不平衡：他认为企业质疑他的价值，逐渐以年轻员工取代他；有的会感到比较自卑等。对于这样的员工一定要给予充分的尊重。首先要肯定他曾为企业做出的贡献，并对他表示亲切的关怀。但也要让他知道，过去的成绩虽不会被抹去，但也不能代表现在甚至将来的成绩。绩效考核是对一定时间范围内员工工作成绩的评估，而且是有客观依据的，因此应帮助他接受现实的差距。

5.雄心勃勃的员工

有的员工有很强的成就动机，显得雄心勃勃。这样的员工通常期望自己能为企业做出很重要的贡献，他会做出很多对未来的设想和计划。管理者面对这样的员工，不能一味地泼冷水，要用事实向他们说明设想和现实之间的差距，要与他们讨论其制订的未来计划实现的可能性，并帮他们制订符合现实的计划。

6.沉默内向的员工

有的员工性格内向，在进行绩效面谈时不会主动表达自己的想法，除非管理者提问。在与管理者交流时，这样的员工会变得局促不安、紧张，或者冷漠、矜持。对于这样的员工，要多提开放性的问题让他多表达，并多征求他对事情的看法，这样可以促使他多说话。

7.爱发火的员工

有时，在员工和管理者的意见发生冲突时，员工可能会由于强烈不满而发火。在这种情况下，管理者应耐心地听员工把话讲完，不要急于和员工争辩。最好是等员工冷静下来，再同员工一起寻找原因。

8.有防御心理的员工

在生活中，防御是一种很常见的心理现象。当员工被指其工作绩效不佳时，他的第一个反应就是否认。一旦否认自己有过错，他就不会反省自己是否称职。恼怒和反击是受到批评时的一种正常反应。管理者应明白，员工的这种做法有助于他们发泄情绪，并使他们推迟面对问题的时间。但可以相信的是，他们最终还是能够正确对待这些问题的。无论何种情况，要消除这类员工的防御心理，管理者需要掌握一定的面谈技巧。

（1）要认识到员工有防御心理是很正常的。

（2）不要攻击员工的防御心理。应尝试将谈话内容集中在员工的工作行为上，而不是集中在员工个人身上。

（3）推迟行动。有时，最好的行动就是什么都不做。人面对威胁时，一种本能的反应就是将自己隐藏到“面具”后面。但是，只要有充足的时间，他们最终会采取理智的行动。

（4）认识到自己的局限性。不要期望能解决自己遇到的所有问题，尤其是与人有关的问题。最重要的是，管理者不要当心理学家，让你的下属认识到问题是一回事，解决深层次的心理问题则是另一回事。

关键点提示

管理者要进行有效的绩效面谈，就要正确把握以下这些员工的不同特点：

1.优秀的员工；2.一直无明显进步的员工；3.绩效差的员工；4.年龄大、工龄长的员工；5.雄心勃勃的员工；6.沉默内向的员工；7.爱发火的员工；8.有防御心理的员工。

5.4　如何进行绩效面谈评价

工作场景描述

当管理者结束绩效面谈，要对绩效面谈作出衡量与评价，以提高绩效面谈的质量和效果时，可查看。

解读与分析

在结束绩效面谈后，管理者应对绩效面谈工作作出评价，以便总结面谈经验，提高面谈的质量。这种评价包括对面谈效果的评价和对面谈过程的评价，前者一般用系列提问来完成，后者一般用考核面谈检查表来进行。

1.利用绩效面谈检查表评价面谈效果

毕特・马勒建议以下列六点构建一个绩效面谈检查表。

（1）注重结果。批评是针对人的，还是针对工作的？

（2）注重实例。我提出的意见理由是否明确？是否有具体的事例？我是否很坦白？

（3）决定原因。我是否试着找出原因？是否找出了许多原因？是否找到了真正的原因？

（4）双向交流。我是否独断专行？大部分的时间是谁在说？是否有平等交流意见的讨论？问题能否激发员工思考？

（5）建立目标。是否以员工能测知的方式建立目标？目标是一般性的还是具体的？目标是被强加上的还是大家合力制定出来的？

（6）激励员工。在面谈中我是否表现出对员工的关心？是否积极地激励他们？员工是否会因受到激励而在未来有不同的表现？

2.利用提问评价绩效面谈效果

在结束绩效面谈后，管理者应该对面谈效果加以衡量，以便作为今后改进面谈工作的参考。一般可以通过以下几个问题来衡量面谈效果。

（1）面谈是否达到了预期的目的？

（2）我是否帮助了员工？怎么做才能更有效？

（3）如果我重新做一次，方法能有什么改进？有什么漏洞？有哪些无用的讨论需要停止？

（4）我从面谈中学到了什么辅导技巧？对自己有什么提高？对整个企业绩效的改进有何益处？

（5）谁在面谈中谈得最多？我是否能真正注意员工所说的话？

（6）我对此次面谈是否满意？面谈是否增进了自己与员工之间的理解？

（7）如何让下次面谈更有效？

对于肯定的答案，管理者应在下次面谈中继续坚持；对于否定的答案，管理者就要分析原因，注意在进行下次绩效面谈时做出改进。

关键点提示

管理者在绩效面谈结束后，对面谈效果进行衡量与评价时要做到以下两点：

1.利用绩效面谈检查表评价；2.利用提问评价绩效面谈效果。

5.5　如何在绩效沟通中批评员工

工作场景描述

当管理者想在绩效沟通中既对员工进行批评又让员工不失面子时，可查看。

解读与分析

在绩效沟通中，管理者有时候难免会对员工提出一些批评。恰当的批评可以促进员工绩效的改进，但如果批评得不恰当，反而会影响员工以后的发展。因此，管理者在绩效沟通中对员工提出批评时，要掌握好技巧。

1.宽以待人

俗话说“人无完人，金无足赤”，每个人在走向成功的道路上都会遇到挫折和失败，没有人能做到零失误。而且，在实际工作中，做的事情越多，出错的可能性就会越大。那些号称从不犯错误的人正是一些不做事的人。因此，对待犯错误的员工，管理者一定要有宽容之心。下面这个故事恰如其分地说明了这一点。

有位禅师，晚上在禅院中散步，发现墙角有一张桌子。禅师想：肯定是有人不守寺规，越墙出去玩了。老禅师搬开桌子，蹲在原处观察。不久，果然有个小和尚翻墙而入，在黑暗中踩着老禅师的后背跳进了院子。落地时他发现，刚才踩的不是桌子而是师父，顿时吓得惊慌失措。但出乎意料的是，禅师并没有责备他，只是以平静的语气对他说：“夜深了，快回去睡吧。”小和尚感激涕零，回去后告诉其他师兄弟。从此以后，再也没有人半夜翻墙出去闲逛了。

处理一个人犯错的最佳方式，就是不以惩罚犯错者为目的，而应以帮助犯错者改正错误为准则。员工在工作中出错，是因为他们的工作做得还不够完善，并不是因为他们想受到惩罚。

有的管理者不能容忍员工在工作中出现错误，希望员工能将工作做得完美无缺。但事实上，别说员工，就是管理者自己也难以做到这一点。管理者这样要求，只会使员工将工作重心放到避免错误的发生上，但这也就意味着避免多做工作、避免负责任、避免创新、尽量少发言的“不求有功，但求无过”的死气沉沉的工作局面的出现，或者员工为了逃避惩罚而拼命掩饰自己的错误，直到有一天，小错铸成大错，悔之晚矣。

员工在工作中犯错时，管理者不应对员工横加指责，要鼓励员工及时找出错误产生的原因。员工犯一个错误，就好比打翻了一个你正要喝的牛奶瓶。反正你也喝不成牛奶了，而且对于员工来说，他也不愿意打翻牛奶瓶。因此，管理者在发火前，不如和员工坐下来，用善意的态度鼓励员工谈谈出错的原因，并与员工一起探讨如何改进工作，使员工下定决心不再犯同样的错误。这样，一方面可以使员工在对错误的不断改正中前进；另一方面，管理者的大度也会使员工心生感激，从而更加努力工作。

管理者在宽容员工所犯的错误同时，也要对员工的错误行为进行指正，但在批评员工时，一定要掌握好技巧。

2.从观点一致的问题谈起

战国时，秦国攻打赵国，赵国不敌，向齐国求救。齐国一定要赵王的弟弟长安君到齐国做人质，才肯出兵。赵太后不答应，大臣们都极力劝谏，赵太后非常生气。赵国左师触龙要求见太后。太后怒气冲冲地等着他。触龙进入宫中，对太后说：“老臣的儿子年纪小且不成材。我已年迈且很疼他，希望他能进宫当一名侍卫。”太后说：“男人也疼爱孩子吗？”触龙答道：“比妇女更疼爱。老臣认为您爱燕后胜过爱长安君。”太后说：“你错了，我对燕后的爱比对长安君差远了。”触龙说：“父母对孩子的爱应体现在为他做长远打算。您送燕后远嫁，在她走后，您虽然想她，但也总是祈祷她不要回来。难道您这不是做长远打算，希望燕后能有子孙并世代为燕王吗？”太后听后深表赞同。触龙说：“您使长安君地位显贵，却不如叫他趁现在为国家建功立业。如果有一天太后不在世了，长安君拿什么立足赵国？”太后醒悟，同意长安君到齐国作人质，齐国于是出兵救赵。

触龙的本意是批评太后袒护儿子，但他没有直接说：“太后，您做得不对，您应以国家为重。”如果他这样说，可能会被太后砍头。触龙先从父母的共性——疼爱孩子说起，引起太后的共鸣，然后再说什么才是真正疼爱孩子的方式，终于使太后信服。管理者在批评员工时，不妨也借鉴触龙的批评方式。

和管理者一样，员工也希望自己工作出色，多为企业做贡献。管理者可以先从这一点谈起，谈企业对员工的期望，谈员工对企业的重要性，使员工赞同管理者的意见，再慢慢将话题引到管理者的要求上来，使员工在不知不觉中接受管理者的批评。

3.批评也要让员工不丢面子

1922年，土耳其和希腊结束了一场惨烈的战争，有两名希腊军人到凯末尔总部投降。土耳其士兵对他们大声辱骂，但凯末尔却没有显示出胜利者的丝毫骄气，他握住他们的手说：“请坐，两位先生，你们一定走累了。”然后在讨论投降细节时，他以军人的口气说：“战争中有很多偶然事件，有时最优秀的军人也会打败仗。”凯末尔在全面胜利的兴奋中，为了长远利益，仍记着一条重要的原则——保住的对方面子。

管理者在批评员工时，也要遵循这条原则。有人说：“中国人爱面子。”其实，无论中国人还是外国人，都爱面子，爱听好话。因此，管理者在指出员工的错误时，一定要顾及对方的感受。最好把门关上，不让任何人进来。在批评结束时，管理者可以说：“我认为你是一个聪明能干的人，我想你只要将心思集中在工作上，这种失误是不会再出现的。”这样就给足了对方面子。

4.适时适当地沉默

在批评员工时，管理者适时适当地保持沉默，可以起到“此时无声胜有声”的作用。面谈中，管理者在指出员工的错误后，员工可能会本能地为自己辩护，此时管理者该怎么做呢？

很多管理者力图说服员工，结果是争得脸红脖子粗，最后双方不欢而散；又或者为了寻求一个说法，管理者将其他参与考核的员工也拉入争辩中，想想场面多尴尬。

在矛盾即将激化时，管理者最好先保持沉默。当然，此时的沉默并不表示管理者迁就员工，只是要提醒员工，吵闹是没用的，只有冷静下来才能更好地解决问题。此时，管理者要以良好的态度对员工说："你说的我都听清楚了，还有什么要表达的吗？"在管理者的大度面前，恢复理智的员工会为自己的失态而感到后悔，这时管理者再慢慢指出员工的错误，就会容易被员工接受。

5.批评时因人而异

由于每个员工的性格不同，因此批评不同的员工要采取不同的办法。

在批评性格直爽的员工时，如果拐弯抹角，容易引起对方的误会。可以开门见山，直接告诉员工错误出在哪里，并明确表示对他的期望。只要言之有理，员工会很容易接受。

而性格比较软弱、心理素质差的员工在受到批评后，虽然不会反抗，但严厉的批评容易使他产生对工作的畏惧感。因此，当性格软弱的员工犯了错误，批评时要以鼓励、提醒为主。例如，可以说："我认为你能做得更好。"

对于心怀不满的员工，要认真听取他的意见，然后再有针对性地进行批评。例如，可以说："这段时间你总是精神不好，是不是家里有事？"

对于油腔滑调的员工，要用真心话去批评他们，心里怎么想就怎么说，有一点说一点，不要保留。

6.批评应对事不对人

批评应是针对员工的错误行为，而不是针对员工个人。例如，某商场的一位员工上班时对顾客态度很差，主管批评他说："你这个人脾气太坏了，跟谁都相处不好，你就不应该做这份工作。"可以想象，员工听了这话心里该有多难受。

因此，在批评员工时，管理者应做到对事不对人，要将员工犯的错误清楚地陈述出来，并说明其对集体绩效的负面影响。如上例中，管理者可以这么对员工说："我想你这么做可能有你的理由，但在商场中与顾客争吵很不合适。在顾客眼中，你代表的就是整个商场。"

7.不要翻旧账

有的管理者在对员工进行长篇大论的训话时，喜欢说："你实在太粗心了，你想想，上半年……，还有7月份……"把该员工以前所有陈芝麻烂谷子的事情统统翻出来，为的是进一步说明自己的批评多么正确，员工工作做得多么糟糕。尽管管理者的批评是认真的，对员工的劝说也是苦口婆心，但想想看，哪位员工受得了？一般员工都会产生反感心理，并认为管理者是个可怕的人。

因此，在对员工进行批评时，管理者应着眼于员工现在所犯的错误和将来的工作改进，而不是翻旧账，不是对员工过去犯的错误念念不忘。即便是提到员工以前犯的错误，也可以用鼓励的语气。要在指出员工错误的同时，给员工信心，让员工认为自己可以不断进步，从而乐于接受管理者提出的意见和建议。

8.批评员工，也批评自己

管理者把员工叫进办公室，对他说："出现这个问题，我真的很抱歉。你是第一次做这类事，没有经验，我应提醒你的，是我疏忽了……"员工听到管理者这样说，往往会很感动，可能不用管理者提醒，员工就已经主动承认错误了。之后管理者再与员工一起具体分析避免错误的方法。这样既解决了问题，又能增进双方之间感情的交流。

在员工犯错误时，管理者如果能及时承担自己作为上级应承担的责任，往往会产生意想不到的效果。而如果在员工发生过失时，管理者处处推卸责任，很难设想员工会真心实意地接受管理者的批评。

9.要批评，也要表扬

根据心理学家的研究，95%的人都喜欢被他人赞美。因此，管理者在批评员工时，也不妨表扬一下他的优点。批评前，应设法对员工表扬一番；批评后，再设法对员工表扬一番。在表扬中指出员工的错误，是一种缓和、圆润的批评方法，不会引起员工的怨恨和抵触。但在使用这种批评方法时一定要注意：表扬是为批评做铺垫的，该批评的地方仍应清楚、明白，绝不能含糊了事。

10.以理服人，不可以权压人

管理者作为企业的领导，被赋予一定的权力，纠正员工的过失也是其使用权力的一种表现。但如果管理者太依仗权力，特别是在批评中采取强制手段迫使员工接受自己的意见，结果往往会适得其反。员工即使在口头上接受了管理者的意见，内心也会甚为不满，从而不会对自己的工作做出丝毫改进。因此在批评中，管理者应根据事实，以理服人，而不是以权压人。

11.批评以信任为本

虽然管理者对员工的错误给企业造成的损失不满甚至是气愤的，但在批评员工时，切不可掺有感情色彩，不可带有偏见，应以信任为本。管理者批评的是员工所犯的错误，对员工本人的工作能力和态度，管理者应是充满信任的。

此外，不能轻视被批评者。管理者在批评员工时若带着轻视的态度，不论其言语多美妙，这种轻视之意仍会在管理者的言辞中流露出来。员工一旦感到管理者瞧不起自己，便会丧失改正错误的信心，工作效率会更加低下。正如管理学家戈登·希尔所说："生活在没有自信、缺乏信任的环境中，我们就会总处在恐惧、妄想、无效和无作为之中。"

批评员工是让管理者犯难的一件事情，但是只要掌握了以上批评技巧，管理者就可以驾轻就熟地驾驭批评，既可以让员工心甘情愿地接受批评，又可以让员工不感到难堪。

关键点提示

对犯错误的员工既要批评又要保住他的面子，管理者就要掌握以下批评技巧：

1.宽以待人；2.从观点一致的问题谈起；3.批评也要让员工不丢面子；4.适时适当地沉默；5.批评时因人而异；6.批评应对事不对人；7.不要翻旧账；8.批评员工，也批评自己；9.要批评，也要表扬；10.以理服人，不可以权压人；11.批评以信任为本。

第6章

绩效反馈常见问题

绩效反馈是绩效管理的末端环节，是考核者（上级）向被考核者（下级）反馈绩效考核的结果，并对绩效考核期间内员工取得的成绩、工作中存在的问题、下一阶段的工作目标、未来的绩效提升计划进行双向交流的过程，是考核者和被考核者之间就当前绩效考核结果的总结和如何更好地实现未来绩效目标进行的有效沟通。

6.1　如何使用一对一面谈方式做绩效反馈

工作场景描述

当管理者想使用一对一面谈方式做绩效反馈时，可查看。

解读与分析

绩效反馈面谈是绩效结果反馈中非常重要的环节，是考核者针对被考核者在考核周期内的绩效情况，与被考核者进行面谈和交流的过程。考核者在肯定被考核者工作成绩的同时，应指出被考核者工作中的问题和不足，并帮助被考核者对工作加以改进。

绩效反馈面谈一般采取一对一面谈的方式进行，有的也通过书面报告或者会议沟通的方式进行。就绩效反馈的效果来说，一对一面谈方式更好一些。下面就如何使用一对一面谈方式做绩效反馈活动进行详细的阐述。

1.绩效反馈面谈准备

在进行绩效反馈面谈之前，需要做好如下准备工作。

（1）选择面谈时间。

绩效反馈面谈的时间，一般会选择工作日的上午（9:00—11:00）或下午（14:00—16:00）这样的时间段。在这些时间段内，员工通常情绪平缓、手边没有紧急工作要处理。一般来讲，考核者要提前与被考核者商定时间。

（2）选择面谈地点。

面谈地点最好选择在光线明亮、安静的办公间，周围不要有杂音，面谈过程中不要有其他人打扰。考核者与被考核者要安排好自己手边的事情，防止中途被打扰或打断。

（3）选择就座方位。

如何选择就座方位是一个细节问题，有经验的人会根据需要灵活处理。一般来讲，绩效面谈需要有一个轻松、亲切的面谈氛围。如选用圆桌，考核者和被考核者应挨着坐；如选用方桌，考核者和被考核者可以坐在方桌的同一侧，也可以相邻而坐。而正面对坐通常给人以对立、矛盾、距离、接受指令的感觉。

（4）准备面谈资料。

考核者和被考核者都应当在绩效反馈面谈前将相关资料准备齐全，以提高绩效面谈的效率和质量。

2.绩效反馈面谈步骤

一次完整的绩效反馈面谈，包括以下几个步骤。

（1）提前准备。

面谈的第一步是做准备工作，考核者一要提前做好面谈计划，如确定面谈的内容和目标，为面谈做好充分的准备；二要提前告知被考核者面谈的内容和目的及需要被考核者准备的资料等。

（2）开始面谈。

在面谈的过程中，考核者要有意识地营造融洽、轻松、亲切的氛围。考核者要向被考核者清晰阐明这次面谈的目的，并向被考核者讲明企业绩效规则。沟通过程中，考核者要既严肃认真，又要亲切和缓。

（3）被考核者的自我评估。

考核者阐明面谈目的之后，接下来要认真倾听被考核人关于自我评估的陈述。在这期间，考核者要适时给予积极的反馈，如点头、凝视对方，或发出“嗯”“哦”的声音。这个环节的目标是要明确得到被考核者自我评估的相关信息。

（4）告知绩效评估结果。

考核者要客观、准确地向被考核者阐述被考核者在这个考核周期内的绩效评估结果。在告知结果之后，请被考核者就绩效目标没有完成的原因、打算如何改进工作、如何实施绩效计划等提出自己的看法。

（5）达成共识。

在充分发表各自意见之后，考核者和被考核者双方就如何解决绩效评估结果反映出来的问题进行讨论，争取达成共识，制订出绩效改进计划和实施计划。

（6）拟定行动方案。

双方达成共识并制订绩效改进计划后，就要拟订具体的行动方案。双方围绕计划完成时间、改进事项、计划中各方的责任、跟进的方式等内容拟订行动方案，并形成书面文件。

（7）鼓励式结尾。

一次完美的绩效反馈面谈，应该以鼓励的方式结束。考核者在面谈结束时，要使用积极愉快的鼓励性话语，要给予被考核者信心、期许、力量和希望。

关键点提示

管理者在使用一对一面谈方式做绩效反馈时，应注意以下几点：

1.面谈前考核双方要做充足准备，包括面谈时间、面谈地点和面谈内容、目标等；2.要注意营造良好的面谈氛围；3.要从绩效评估结果中看清被考核者工作中存在的问题。

6.2　如何实施绩效改进

工作场景描述

当管理者想依照绩效考核结果指导被考核者改进绩效时，可查看。

解读与分析

绩效改进，是指员工根据绩效考核结果反映出来的问题，针对自身工作的不足做出的一系列工作改进行动。员工的工作绩效改进，是一个由企业、部门管理者和员工三方共同努力解决问题、达成绩效目标的过程。

1.绩效改进的原则

绩效改进的基本原则是先改进环境因素，再改进个体因素。首先，使绩效改进产生显著效果的，是企业和部门层面所做出的努力。主要表现在两个方面：一方面是企业或各部门管理者对管理制度、流程、机制、体系的改进，对信息、资源、奖励等管理策略的调整，对员工外在环境影响因素等的改变；另一方面，各部门管理者联合人力资源部，通过查找员工绩效低下的原因和解决相关问题，建立一套不依赖于员工素质、能力、动机等个体因素，就可以稳定提升员工工作绩效的管理系统，将该管理系统作为改进员工绩效的支持工具。

再说说个体因素改进。绩效改进的内容非常广泛。下表将企业、部门管理者、员工三方可以改进的常见内容列出来，以供参照。

绩效改进常见内容对照表

类别	绩效改进内容
企业或部门	①企业或部门内的文化氛围 ②企业或部门内的人员配置 ③企业或部门内的工作方式 ④企业或部门内的工作重点 ⑤企业或部门工作的先后顺序 ⑥部门与协同部门间的关系 ⑦企业或部门的形象或印象 ⑧企业或部门能提供的资源 ⑨企业或部门内的流程制度
部门管理者	①个人素质 ②管理风格 ③管理方法 ④对业务的熟练程度 ⑤对员工的了解程度 ⑥与下属之间的关系 ⑦个人魅力
员工	①自身工作环境 ②工作技能 ③工作方法 ④工作习惯 ⑤对待工作的态度 ⑥个人需求和欲望 ⑦职业生涯规划 ⑧与同事的配合程度

2.绩效改进实施步骤

绩效改进的思路是确定适合的工作绩效目标，依据这个目标找到把绩效工作做得更好的最佳路径，然后沿着这条路径，员工在部门主管的指导和其他资源的支持下，满怀信心和工作热情，持续进步。这个过程一共可以分成五个步骤。

（1）情况分析。

针对绩效评价结果反映的实际情况，部门主管（考核者）与员工（被考核者）面谈，弄清楚相关情况，对员工当前工作中存在的问题做详细的分析，并拟定合适的绩效改进目标。

（2）寻找最佳路径。

员工应找到在这个岗位或项目中绩效做得最好的那个人，深入学习，在头脑中形成做事优秀的意象，并鼓足勇气。

（3）研究优秀者。

通过向优秀者学习，员工在自己心中要有几个疑问：这个人为什么做得好？他采取了怎样的工作方法和思路？他的工作心态是什么？是专注、热爱工作、想变得优秀吗？

（4）提炼最佳方法。

学习别人是为了成就更好的自己，而不是照搬别人的那一套。适合自己的方法才是最好的方法。员工要依靠自身钻研和部门主管的支持，寻找到适合自己的工作方法，这是绩效改进的重要一步。

（6）持续改进。

绩效改进是一个不断改进工作、不断进步的过程，在这个过程中要不断修正遇到的问题，以达到最终目的。欲速则不达，不要期望一蹴而就。只有对工作进行持续不断的改进，绩效才能实现从量变到质变的突破。

3.制订绩效改进计划

员工应根据自身工作中存在的问题，制订书面的绩效改进计划。将改进计划内容填入表格，一来可以督促自己，不断提醒自己弥补工作中的不足和改进方向；二来上级主管和相关责任人可以根据绩效改进计划表的内容给予员工指导和帮助。绩效改进计划表如下表所示。

绩效改进计划表

被考核者		部门		职位	
考核者		部门		考核周期	
工作中存在的不足					
原因分析与改进措施					
绩效改进计划					
绩效改进具体目标					
目标类别	具体目标		最终结果	衡量标准	考核权重
业绩目标					
能力目标					
行为目标					
被考核者签字： 日期：		考核者签字： 日期：		人力资源部签字： 日期：	

关键点提示

管理者进行绩效改进工作时，应该注意以下几点：

1.绩效改进应遵循先改进环境因素再改进个体因素的基本原则；2.只有采取与员工协商、共同改进的方式才能达到绩效改进的目的。

6.3 如何评估企业绩效管理覆盖率

工作场景描述

当管理者想通过绩效考核结果了解企业绩效管理的水平及存在的问题时，可查看。

解读与分析

企业绩效管理在员工中的覆盖情况，也就是绩效管理覆盖率，代表了该企业绩效管理的实施范围，也反映了该企业绩效管理的质量与水平。

绩效管理覆盖率，指的是在企业所有员工中，参与绩效考核的人员占全体员工的比例。绩效管理覆盖率分析在企业推行绩效管理阶段尤为重要。下面举例说明。

A企业推行绩效管理已有两年时间。2020年1月，人力资源部对绩效管理在企业员工中的覆盖率情况按部门进行了分析统计，如下表所示。

2020年1月各部门绩效考核人数及绩效管理覆盖率情况

类别	参与绩效考核的人数	总在编人数	绩效管理覆盖率
部门A	77	84	91.7%
部门B	45	70	64.3%
部门C	71	96	74%
部门D	57	81	70.4%
部门E	68	83	81.9%
全企业	318	414	76.8%

从上表中能够看出，全企业绩效管理的覆盖率为76.8%，说明有23.2%的人没有参与绩效管理工作。部门A的绩效管理覆盖率最高，达到91.6%。部门B的绩效管理覆盖率最低，只有64.3%。

从5月开始，A企业对不同部门绩效管理覆盖率的变化情况按月度时间段划分进行了分析。其中，部门A 5—8月份的绩效覆盖率如下表所示。

部门A 2020年5—8月份参与绩效考核人数及绩效管理覆盖率情况

时间段	参加绩效考核的人数	总在编人数	绩效管理覆盖率
2020年5月	70	84	83.3%
2020年6月	68	81	84%
2020年7月	71	79	89.9%
2020年8月	73	82	89%

从上表可以看出，部门A每月参与绩效管理的人数有逐渐增多的趋势。在这种情况下，该企业对部门A的绩效管理情况进行了评估，查找其绩效覆盖率上升的原因，以保证绩效管理在部门A内部覆盖率的持续增加。

根据当前的绩效管理覆盖率情况，A企业可以进一步分析、查找绩效管理没有覆盖的岗位都有哪些，以及绩效管理没有覆盖这些岗位的具体原因，分析部门或者岗位绩效覆盖率高的原因，从而推动绩效管理在全企业内广泛地开展。

关键点提示

通过绩效管理覆盖率了解企业绩效管理水平的好处有以下几点：

1.绩效管理覆盖率是量化的真实数据，据此企业可以了解自身的绩效管理；2.通过绩效管理覆盖率可以查找绩效管理中存在的一些细节问题；3.通过绩效管理覆盖率在全企业的分布情况，可以找到绩效管理工作改进的方向。

6.4 如何分析部门绩效考核结果

工作场景描述

当管理者想通过绩效考核结果了解本部门经营管理情况时，可查看。

解读与分析

通过部门绩效考核结果，企业管理者可以了解该部门主管的管理能力。也就是说，如果企业部门之间业务类似、所获得的资源相近、员工素质无较大差异，部门绩效成绩越高，说明部门主管的经营管理水平越高。

以此类推，如果企业部门之间业务类似、所获得的资源相近、部门主管经营管理水平相近，而部门内部的绩效考核分数结构不同，就可以推断出该部门内部的人才质量存在差异。也就是说，绩效考核高分占比越高，代表该部门的人才质量越高。

例如，C企业2020年8月对各部门员工的绩效考核结果进行了统计分析，如下表所示。

C企业2020年8月各事业部绩效考核成绩分布情况

类别	70分以下		70–90分		90分以上		合计	部门绩效
	人数	占比	人数	占比	人数	占比	人数	考核分数
部门A	46	34%	68	50%	23	17%	137	86.47
部门B	78	32%	155	63%	12	5%	245	79.12
部门C	47	33%	73	52%	21	15%	141	93.84
部门D	269	55%	135	28%	83	17%	487	69.53
部门E	18	26%	36	53%	14	21%	68	95.47
全企业	458	42%	467	43%	153	14%	1078	

对表中的内容，C企业的分析思路包括以下几点。

（1）在部门B中，考核得分为90分以上的人数占比最少，同时该部门总体绩效考核得分也较低，原因是什么？

（2）在部门D中，部门绩效考核分数与其他部门相比是最低的，另外，该部门绩效考核得分在70分段人数占比最大，原因是什么？

（3）在部门E中，部门绩效考核分数相比其他部门是最高的，原因是什么？

（4）从表中可以看到，部门A绩效考核得分在90分段的比例要比部门C的同分段比例多2%，但部门绩效考核分数却比部门C低，原因是什么？

（5）绩效考核结果相对优秀的部门能否总结经验？绩效考核结果相对较差的部门需要采取哪些行动？

同年12月，C企业按照时间段对不同部门的绩效考核成绩变化情况进行了统计分析。其中，部门A 5—8月员工的绩效考核成绩变化情况如下表所示。

C企业部门A2020年5—8月绩效考核成绩分布情况

时间段	70分以下		70–90分		90分以上		合计	部门绩效
	人数	占比	人数	占比	人数	占比	人数	考核分数
2020年5月	46	34%	68	50%	23	17%	137	86.47
2020年6月	49	37%	65	49%	20	15%	134	80.62
2020年7月	39	30%	69	52%	24	18%	132	89.48
2020年8月	49	37%	64	48%	19	14%	132	79.41

对于上表所反映的绩效反馈结果，C企业对部门A的绩效情况有了如下分析思路。

（1）部门A每月绩效考核分数的变化与其部门内成员的绩效好坏是否呈正相关？

（2）6月和8月部门A的绩效考核分数较低，其团队成员的绩效考核分数也较差，这是什么原因？

（3）部门A7月的绩效考核分数是最高的，原因是什么？

（4）当部门A绩效较高时，是哪方面做得好？当部门A绩效较低时，其内部出现了什么问题？

关键点提示

通过绩效考核结果分析部门绩效管理情况的好处有如下几点：

1.可以从实时数据角度随时了解本部门的绩效管理情况；2.可以从客观角度了解本部门工作的改进方向；3.可以真实了解本部门人才分布情况和部门主管管理能力提升的空间。

6.5 如何分析员工绩效考核结果

工作场景描述

当管理者想正确分析员工绩效考核结果，以对员工实施晋升、轮岗、培训、辞退等奖惩措施时，可查看。

解读与分析

绩效反馈的目的之一是从细节上了解每一个员工的绩效情况，从中寻找企业整体绩效改进的路径。对于员工个人绩效考核结果，企业应从如下角度进行分析。

（1）对于绩效考核成绩一直保持较高水平的员工，企业应分析其绩效较好的原因。

（2）对于绩效考核成绩一直处于较差水平的员工，企业应分析其绩效较差的原因。

（3）对于绩效考核成绩上下波动较大的员工，企业应分析其绩效波动的原因。

……

可以说，关注每个员工的绩效考核结果，是绩效管理的基础性工作。解决好每个员工工作中存在的问题是提升企业整体绩效水平的关键。

分析员工个人绩效考核结果是通过员工个人绩效考核结果之间的比较，查找问题并采取一定行动的过程。对岗位类型相近的员工，通过绩效考核结果的比较，从中总结出绩效比较好的员工的工作经验，使之成为一种绩效改进的方法，用来帮助其他绩效较差的员工提升绩效。

C企业对某部门的员工2020年5—8月的绩效考核成绩进行比较后，结果如下表所示。

C企业某部门员工2020年5—8月绩效考核成绩分布情况

姓名	2020年5月	是否绩效面谈	2020年6月	是否绩效面谈	2020年7月	是否绩效面谈	2020年8月	是否绩效面谈
小赵	93分	是	92分	是	83分	是	94分	是
小孙	85分	是	73分	是	87分	是	74分	是
小王	73分	否	78分	否	76分	否	75分	否

对上表中员工绩效考核成绩分布情况，C企业做了如下分析。

（1）员工小赵的绩效考核成绩一直保持优秀水平，但是在7月的绩效考核中成绩却降低了，原因出在哪？

（2）员工小孙的月绩效考核成绩忽高忽低，问题出在哪？

（3）在每月的绩效成绩发布后，主管没有与员工小王进行绩效面谈，原因是什么？

（4）对于绩效考核成绩优异的员工小赵，是否对他进行进一步的培养或职位晋升？

（5）对于员工小王，是否采取轮岗、培训或辞退的措施？

（6）是否需要找员工小赵面谈，以了解其绩效考核成绩优异的原因？他有什么可直接借鉴的工作经验和做法？

（7）员工小王的绩效改进计划应该从哪几个方面着手？

关键点提示

分析员工个人绩效考核结果的优劣有如下几点好处：

1.有利于查找员工绩效优劣的根源所在；2.针对不同员工是采用培养、晋升方式还是辞退方式，有了客观的依据。

6.6 如何发挥绩效反馈的“魔力”

工作场景描述

当管理者想使绩效考核结果反馈发挥意想不到的效果时，可查看。

解读与分析

绩效反馈是绩效管理中一个重要的环节。然而，在实际工作中，很多管理者都忽视了这个环节，或故意隐去这个环节。

1.管理者不愿进行绩效反馈的原因

（1）管理者认为绩效考核只是自己的事情，与员工无关，所以没有必要向员工反馈。

（2）管理者担心公布考核结果会引起非议，激化矛盾，所以不愿向员工反馈。

2.绩效反馈的作用

反馈犹如一面镜子，它让员工知道自己的工作到底做得如何，在同事眼中、在管理者心中，自己到底是什么形象。员工需要这面镜子，就像人需要水、粮食和衣服一样。如果员工不能及时得知自己的工作表现及管理者对自己的评价，他们会觉得自己的工作不受重视，久而久之，就会思想麻木，缺乏热情。

法国管理专家法约尔曾做过一个试验：他挑选了20个技术相近的工人，每10人一组，在相同条件下，让两组同时进行生产。每隔一小时，他会检查一下工人们的生产情况。对第一组工人，法约尔只是记录下他们各自生产产品的数量，但不告诉工人们他们工作的进度。对第二组工人，法约尔不但将他们生产产品的数量记录下来，而且让每个工人了解他们的工作进度。每次考核完毕，法约尔会在生产速度最快的两个工人的机器上插上红旗；在速度居中的四个工人的机器上插上绿旗；在最后的四个工人的机器上插上黄旗。如此一来，每个工人对自己的工作进度一目了然。试验结果是：第二组工人的生产效率远远高于第一组。

由此可见，绩效反馈对企业多么重要。通过反馈，员工了解了管理者对自己的评价和期望，从而能够根据要求不断提高自己的工作效率；通过反馈，管理者可以随时了解员工的表现和需求，有的放矢地对员工进行激励和辅导。唯有如此，绩效管理才能发挥出最好的效果。

3.绩效反馈三要素及其关键问题

美国的创造领导能力中心强调，绩效反馈应具备三个要素：内容、自己（问自己）、他人（相互交流）。

（1）内容之关键问题：特定的行为、准确度、相关信息、积极的和消极的行为、共事的观点。

（2）自己（问自己）之关键问题：我为什么要反馈？反馈会有帮助吗？我如何才能更有效地传递反馈？

（3）他人（相互交流）之关键问题：信息接收者的接收能力，利用非语言的交流信号。

4.绩效反馈的一般原则

为了保证能有效地进行绩效反馈，我们应遵循如下原则。

（1）反馈应注重员工行为、工作结果和相关的工作绩效，而不是注重某个员工。

（2）反馈应联系特定的、可观察的行为，而不是一般或整体的行为。

（3）当反馈的内容是考核性的时，应联系已经确立的考核标准、可能的考核结果或可能的改进，以作为评定员工绩效“好”或“差”的依据。

（4）反馈应尽可能地使用简单、明确的语言，以免引起员工不必要的误解或让员工产生防范心理。

（5）反馈应关注那些能由个人加以控制的事，或那些个人能利用反馈来改进的事情等。

（6）当员工表现出自我保护的行为或有对抗的情绪时，反馈者应考虑如何让员工平静下来，而不是试图去说服员工、与员工理论或提出另外的信息。

（7）应将反馈对象当作一个值得交流的、有不同权益的人来进行绩效反馈。

5.绩效反馈态度

如果员工相信自己做了应该做的事，他们会觉得不需要改变什么。所以，最有效、最快速、最简捷的改进绩效的方法是当面给予员工具体的反馈。有效的当面反馈，就如以下的例子般简单、直接。

（1）"你知道你是唯一一个迟交报告两天的人吗？"

（2）"你知道你的下属在抱怨，说你几乎不给他们表达意见的机会吗？"

这样问，你实际上给出的是所谓的中立反馈。正面反馈、中立反馈和负面反馈实际上指的是反馈的态度。

正面反馈，如"我知道你每次都很准时地递交报告，要继续保持！"

负面反馈，如"难道你不能更专注点，准时将报告交上来吗？""你最好将你那令人讨厌的习惯改掉。"

注意，这些反馈都是无礼而且无益的，也不够具体，是需要避免的。如果你对一个踩着你脚的人说："你踩到我的脚了，你知道吗？"那个人估计会立刻把脚拿开。但是如果你对他说："对不起，当人处在一个拥挤的公共场所时，每个人的社会责任都是注意周围人所占的空间，避免不受欢迎或不小心的身体接触！"你可能会被投以异样的眼光。当然你也可以说："滚开，别踩我的脚，猪头！"这样，你恐怕会失去几颗牙齿。

6.如何处理绩效反馈中的种种问题

在工作中，管理者会发现员工并不知道自己犯过几次错误。有时，员工虽然知道自己犯过几次错误，但他们猜测别人也会犯相同次数的错误。有时候员工知道自己在做不该做的事，管理者要给员工的反馈是：他们的表现是令人不满意的。

例如，解决迟到的方法就是，告诉员工他迟到的次数，表明你无法接受他这样的行为，并要求其改进。

经理：“小田，你上周5天里有3天迟到了。我无法接受你这样的行为，所以请你准时来上班，好吗？”

小田：“好的，我一定尽力。”

经理：“谢谢。”

这就是“反馈讨论”。管理者可以通过谈话表明自己期望员工做出什么样的行为，这样能有效地改善员工的工作表现。

如果员工的工作效率不能令人满意，可能是因为他们不知道自己做得如何，他们可能需要的是以每小时的工作表现为依据的反馈。事实上，管理者可以借由告知员工他们在每小时、每分钟中的工作表现，来提高员工的工作效率。可以建立一个反馈系统，在既定的工作间隔中，依据时间性或阶段性的工作目标，让员工可以进行一些简单的检查、计算等工作。

总之，“解铃还须系铃人”。缺乏反馈引起的绩效问题，只能通过给予员工反馈来解决。反馈对于所有工作都同样重要。

关键点提示

想要发挥绩效反馈的“魔力”就要注意以下几点：

1.管理者不愿进行绩效反馈的原因；2.绩效反馈的作用；3.绩效反馈三要素及其关键问题；4.绩效反馈的一般原则；5.绩效反馈态度；6.如何处理绩效反馈中的种种问题。

6.7 如何进行建设性绩效反馈

工作场景描述

当管理者在绩效反馈中想让员工愉快地接受反馈时，可查看。

解读与分析

所谓建设性绩效反馈，是指管理者在与员工进行绩效反馈面谈时，概括了员工所关心的问题，提出了具体的例子，讨论了改进方法。建设性反馈是纠正性的，而非批评性的。建设性反馈能够营造积极良好的沟通氛围，促成积极的沟通结果。

那么，如何开展建设性绩效反馈呢？

1.应用汉堡原理

所谓汉堡原理，是指在绩效反馈中，管理者在与员工进行绩效面谈的时候，按以下步骤进行：先表扬员工的成就，给予员工真心的鼓励；然后指出员工需要改进的特定的行为；最后以肯定和支持的话语结束谈话。

汉堡原理提醒管理者，绩效反馈面谈的作用在于帮助员工改进绩效，而不是抓住员工的错误和缺点不放。因此，先表扬员工工作中的优点再指出其工作中的缺点，最后对员工提出鼓励，才是最佳的面谈方式。

2.采用BEST反馈

B：描述行为，即先表述干什么事。

E：表达后果，就是干这件事的后果是什么。

S：征求意见，你觉得应该怎么改进？

T：着眼未来，以肯定和支持的话语结束面谈。

当员工提出绩效改进方案时，管理者应予以鼓励。没有什么比失败更令人沮丧的事情了。无论员工犯了什么错误，千万别说“不行了”“输了”之类的话，不要让员工产生挫败和沮丧的感觉，否则会挫伤员工的工作积极性。

3.确定最恰当的绩效反馈面谈时间

“经理，我还要回去与一个重要的客户见面，您看能不能谈得稍微快点？”

很多主管与员工进行绩效反馈面谈时，常常会遇到类似的情景。为什么会这样呢？主要是因为面谈的时间确定得不恰当，管理者总是一厢情愿地根据自己的情况来确定面谈时间，而很少考虑员工的情况。但是面谈是个双向沟通的过程，应选择一个双方都比较方便的时间。

（1）选择管理者和员工都有空的时间。如果在面谈时间内管理者又安排了其他事情，在面谈时就很难集中注意力。

（2）尽量不要选择接近下班的时间。因为在此段时间，员工通常归心似箭。

（3）管理者应选择一个自己可以全身心投入面谈的时间段。在这段时间，管理者应抛开其他工作。

（4）由管理者提出的面谈时间要征得员工的同意。这样做一方面能使员工感到被尊重，另一方面可以确认员工在这段时间是否有其他安排。

（5）计划好面谈将要花费的时间，这样有利于安排好手头的工作，给绩效反馈面谈留下足够的时间，也可以对绩效反馈面谈时间有个总体的把握。

4.选定和布置绩效反馈面谈的场所

为了更有效地进行绩效反馈面谈，应该选择一个合适的面谈场所。最理想的是远离管理者办公室的场所，特别是要远离管理者的电话。还有一点需要注意的是：办公室的门要关好，不要让别人看到里面的面谈情况。

要有效地进行绩效反馈面谈，仅仅选择最佳的面谈场所还远远不够。场所的布置尤其是桌椅的摆放，对面谈双方尤其是对员工的心理影响是不容忽视的。距离太远，沟通双方无法清晰地获得信息；距离太近，又会使对方感到私人的领域受到侵犯，造成一种压抑感。

5.提前将绩效反馈面谈事宜通知员工

管理者应至少提前一周亲自通知员工面谈的时间、地点、目的等，使其有时间对自己的工作进行审查，分析自己工作中所存在的问题，而不是让秘书以书面通知形式去通知员工。

6.计划好绩效反馈面谈的方式

（1）先谈员工的优点，再谈员工工作中需要改进的地方。

（2）可事先编制一份绩效反馈面谈表格，面谈时依据表格中列出的事项与员工进行讨论。每次只讨论一项，在双方没有达成一致意见以前不进行下一项的讨论。

（3）在提出意见之前，先让员工说说自己的看法。

（4）采取与员工轮流发言的方式进行面谈。

不论采取哪种方式都没有对错之分，关键是双方能取得一致的看法。

7.事先准备好提问的内容

要想通过绩效反馈面谈掌握员工工作方面更多、更准确的信息，管理者应该事先准备好要向员工提问的内容。

首先要确定适当的提问方式。下表对比了适当和不适当的提问方式。

适当的提问方式	不适当的提问方式
关联提问——立体的 ——全面的	单向发问——平面的 ——表面的
非诱导式提问——5H1W	诱导式提问——回答为Yes或No问题

针对一件事情，一个问题和一次回答的“单向发问”方式应该尽可能避免，因为那样只能得到平面的、表面的员工工作信息，根本抓不住问题的核心。理想的做法是向员工连续发出两至三条提问，对员工工作信息进行立体、全面的了解。

按性质，提问可分为“诱导式提问”和“非诱导式提问”。例如，“你认为是不是因为市场萧条产品价格才下跌？”这样的提问，实际上就是诱导对方说出提问者所期待的答案。只想让对方回答“是”或“否”，这就是“诱导式提问”。与之相反，非诱导式提问如“请你说明一下你业绩增长的原因有哪些”，能给对方以充分选择的空间。

尤其应注意不要诱导员工说出自己期待的答案，以免员工的回答偏离其工作事实。

管理者在所有准备工作都完成以后，还应运用5W1H原则，再次核对绩效反馈面谈中有没有遗漏的地方。

When（何时）——什么时间，所需要的时间。

Where（何地）——什么场所。

Who（谁）——面谈的对象是谁。

What（什么）——面谈的内容。

Why（为什么）——面谈的目的和理由。

How（如何）——面谈的方法和步骤。

8.管理者该做的和不该做的

该做的	不该做的
①事先做好准备 ②注重帮助员工改进工作 ③给员工充分表达的机会 ④对员工作全面评价 ⑤心平气和地进行解释	①将员工的表现和工作要求作比较 ②觉得太忙而不愿意准备 ③抓住员工的错误不放 ④喋喋不休 ⑤只讲员工的缺点 ⑥与员工争论 ⑦将该员工和其他员工进行比较

在进行建设性绩效反馈时，管理者要保持理智和冷静，心平气和地与员工沟通，这样员工才能理解你的建议，乐于接受你的指正。只有双方都愿意开诚布公地进行讨论，建设性的反馈才是最有效的。

关键点提示

要进行卓有成效的建设性绩效反馈，管理者就要做到以下几点：

1.应用汉堡原理；2.采用BEST反馈；3.确定最恰当的绩效反馈面谈时间；4.选定和布置绩效反馈面谈的场所；5.提前将绩效反馈面谈事宜通知员工；6.计划好绩效反馈面谈的方式；7.事先准备好提问的内容；8.明确自己该做的和不该做的。

第7章

团队绩效考核常见问题

团队绩效考核是对团队绩效进行量化的考核、评定，以更加直接、有效的方式体现团队工作的有效程度。它是在传统的以团队成员个体工作业绩表现考核的基础上，把个体绩效和团队绩效结合在一起考虑的绩效考核方法。本章从团队绩效常见问题入手，分析如何建立一个有效的团队绩效考核系统，从而达到正确地测评和反馈团队绩效的目的，以帮助管理者提高团队的整体绩效。

7.1　如何做好团队绩效考核前的准备工作

> 工作场景描述
>
> 当管理者想做团队绩效考核前的准备工作时，可查看。

解读与分析

团队绩效是指团队实现企业的预定目标。影响团队绩效的因素众多且复杂，诸如团队目标、成员素养、成员工作技能、职责分工、人际关系、团队激励等，也因此决定了团队绩效考核的复杂性与艰巨性。只有在团队绩效考核之前做好充分的准备工作，才能保证团队绩效考核的顺利进行。

1.确定团队绩效目标制定的依据

主要是依据企业的战略目标和客户的需求来确定团队的绩效目标，根据团队的绩效目标来确定团队的策略，为确定团队考核标准提供依据。因此，管理者首先要做的是对现有的企业绩效目标和关键业绩指标进行分析。

2.分析企业绩效目标和关键业绩指标

在进行企业绩效目标分析时，应首先记录下企业的绩效目标和考核指标，尤其是与企业战略相关的关键业绩指标。

关键业绩指标，是指企业宏观战略目标经过层层分解产生的具有可操作性的战术目标，它是衡量企业战略实施效果的指标。

仅仅了解企业的绩效目标和关键业绩指标，还不足以确定团队的绩效目标。企业的战略目标和考核指标要以某种方式转化为团队和团队成员的目标和考核指标；团队及团队成员必须明确如何将自己的目标和企业的目标联系在一起，并采取行动来实现自己的目标。依据企业战略目标和关键业绩指标来确定团队的绩效考核指标，应首先明确以下问题。

（1）企业的发展前景是什么？

（2）为实现这一前景，企业的发展战略是什么？

（3）战略对团队而言是否清晰、明确？

（4）团队的内部客户和外部客户分别是谁？

（5）团队的客户需要什么产品和服务？客户最重要的需求是什么（数量、质量、成本、时间限定）？

（6）团队的目标是什么？

（7）团队的发展策略是什么？

（8）团队的优势是什么？有哪些需要改进的地方？

（9）团队成功的关键要素是什么？

（10）选择5-10项重要的团队绩效考核指标。

3.团队对其绩效考核指标进行分析

团队对其绩效考核指标的分析，应围绕企业的战略目标和绩效考核指标进行。例如，某连锁专卖店分店的团队在考虑其绩效考核指标时，应首先了解其总部的绩效考核指标。该专卖店总部的绩效考核指标为：新开设分店数量、年销售总额、总利润、客户服务，共四项指标。分店团队经过分析后发现，他们可以在产品销售量、货品的摆放、成本降低、客户满意度等方面对总部的考核指标产生影响。如下表所示。

总部绩效考核指标	团队能否对该指标产生影响	影响考核指标的团队业绩
年销售总额	能 否	产品销售量
总利润	能 否	货品的摆放
新开设分店数量	能 否	成本降低
客户服务	能 否	客户满意度

总之，为使团队绩效目标符合企业战略目标要求和客户的需求，并且公平、可行，就应做好团队绩效考核前的准备工作。

关键点提示

管理者在团队绩效考核前要做的准备工作包括以下几点：

1.确定团队绩效目标制定的依据；2.分析企业绩效目标和关键业绩指标；3.团队对其绩效考核指标进行分析。

7.2　如何确定团队绩效考核维度

工作场景描述

当管理者想确定团队绩效考核维度时，可查看。

解读与分析

在企业的实际操作过程中，通常使用客户关系图、企业绩效目标、业绩金字塔、工作流程图等方法来确定团队绩效考核维度。

1.客户关系图法

（1）客户关系图是什么?

客户关系图，是指描述团队的客户以及说明团队能为客户提供哪些产品和服务的清晰的图示。它能够显示出与该团队相关的内部客户及外部客户，以及客户所需要的、能从团队获得的产品和服务。此图能清晰地表明团队和客户之间的价值创造关系。

（2）何时用最有效?

当团队的存在是为了满足客户的需求，尽量提高客户满意度时，使用客户关系图法来确定团队绩效考核维度最有效。客户主要是指那些需要团队提供产品和服务，并为他们的工作提供帮助的个人或企业。客户既包括企业外部的客户，也包括企业内部的同事。如果团队的存在就是为了满足客户的需求，就必须充分考虑客户对团队的需求。客户的需求是确定团队绩效考核维度的主要依据。

（3）操作步骤。

①运用客户关系图来确定团队的客户有哪些，以及客户需要从团队获得什么产品和服务。

②将那些不值得考核的项目去掉，确保所列出的每个项目都是客户所需要的业绩结果。

③从企业角度回答以下问题：哪些成果是企业希望从团队中获得的?回答这些问题

所用的关键词就是团队给企业创造的价值。

④用简洁、准确的语言来描述团队应完成的工作，对已列出的业绩结果重新规范命名。

2.企业绩效目标法

（1）什么是企业绩效目标？

企业绩效目标法是指以企业的战略和经营计划为基础确定团队的任务和努力方向。

（2）何时用最有效法？

当团队存在的目的主要是帮助企业改进绩效目标时，利用企业绩效目标法来确定团队绩效考核维度最有效。

可衡量的企业绩效目标应包括以下内容。

①降低生产成本。

②压缩运转周期。

③增加销售额。

④提高客户的忠诚度。

（3）操作步骤。

①理解企业绩效目标。

②确定企业有哪些关键业绩指标，团队可以对其产生哪些影响。

③如团队能对其产生影响，那么回答以下问题：团队要做出什么业绩才能有助于达成企业日标？

④将这些结果作为团队绩效考核的维度。

3.业绩金字塔法

（1）什么是业绩金字塔？

业绩金字塔是一个把企业总体战略与财务和非财务信息结合起来的业绩评价体系。在业绩金字塔中，企业战略目标的传递呈多级瀑布状向企业各部门逐级传递，直到最基层的作业中心。业绩金字塔如下图所示。

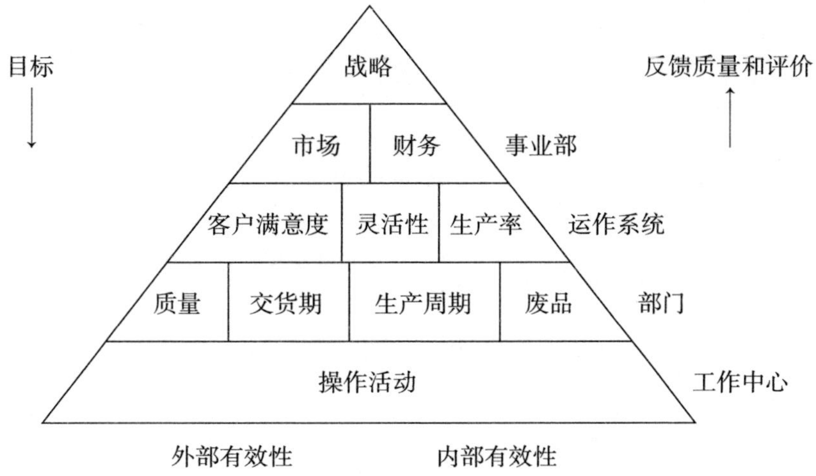

业绩金字塔法的出发点是要明确业绩的层次，在企业所有的业绩成果中有团队负责创造的部分。团队应选择那些能把企业目标和团队目标紧密相连的绩效考核维度。只有将团队业绩和企业绩效紧密联系起来才能够保证团队的成功，为实现企业目标做出贡献。

（2）何时用最有效？

当团队的绩效目标只是企业绩效目标中的一个组成部分时，可以采用业绩金字塔法来确定团队绩效考核维度。

（3）操作步骤。

团队应通过思考以下问题来构建业绩金字塔。

①团队所在企业的宗旨是什么？企业要达成的战略以及业绩目标是什么？

②企业的绩效目标需要由哪些业绩成果辅助达成？

③在这些业绩成果中，哪些应是由团队负责创造的？

由于业绩金字塔是为整个企业建立的，只有金字塔中的某些业绩指标才是团队需要负责的。通过对业绩金字塔进行仔细的观察和分析，团队可以确定哪些业绩成果由自己负责创造。

（4）效果检验。

当要检验利用业绩金字塔法确定的团队绩效考核维度是否有效时，可以思考以下几个方面的问题。

①是否将所有团队对企业创造的业绩结果作为最终的目标，将其置于金字塔的最高点？

②是否将最终业绩结果分解为一个一个单项业绩考核结果？

③是否确定团队应负责哪部分业绩成果？

④是否确定了对团队进行考核的重要标准？

4.工作流程图法

（1）什么是工作流程图？

工作流程图是将工作流程进行清晰描述的示意图。

（2）何时用最有效？

当团队的工作具有明确的、清晰的工作流程时，用此方法最有效。

（3）使用工作流程图确定团队绩效维度的优势。

①能把质量、流程再造计划与绩效管理结合起来。

②一些有清晰工作流程的团队能对它们在工作流程中的有效性进行合理的评价。

③对工作流程进行规划有利于团队把握简化和重新设计流程的机会，从而形成更合理的工作流程，实现更好的团队绩效。

（4）如何使用工作流程图来确定团队绩效考核维度？

工作流程图中应包含三个考核维度。

①向客户提供的最终产品。

②整个团队应负责的重要工作移交。

③整个团队应负责的重要工作步骤。

此外，团队如想改进工作流程，可以采用项目流程评估表进行项目总结和审评，以改进团队绩效。

总之，上述四种方法各有优势，各有适用的情景，应根据团队所具备的条件进行选择，决不能机械地套用。

关键点提示

管理者在确定团队绩效考核维度时，可使用如下方法：

1.客户关系图法；2.企业绩效目标法；3.业绩金字塔法；4.工作流程图法。

7.3　如何确定团队成员个人绩效的考核维度

工作场景描述

当管理者要为团队中成员个人绩效的考核确定考核维度时，可查看。

解读与分析

在确定了团队的绩效考核维度后，就该确定团队中成员个人的绩效考核维度了。

1.角色-业绩矩阵

角色-业绩矩阵是用来确定团队成员为确保团队目标的实现所必须做出的业绩的一个表格。此矩阵明确了团队成员在为团队做贡献时所扮演的角色。在表中，团队各项绩效维度列于横轴，团队成员排在纵轴。在中间每个方格内的是团队成员为了支持团队绩效而必须创造的个人业绩。如下表所示。

	团队绩效考核维度1	团队绩效考核维度2	团队绩效考核维度3	团队绩效考核维度4
团队成员A	个人绩效			个人绩效
团队成员B		个人绩效		
团队成员C			个人绩效	
团队成员D	个人绩效			个人绩效

2.角色-业绩矩阵在团队绩效考核中的应用

我们以具体事例说明角色-业绩矩阵在团队绩效考核中的应用。

某图书编辑室先将团队绩效目标列在表格的横轴中，将团队成员列于纵轴，然后逐一确定每个成员在每一维度应承担的责任。如下表所示。

	新图书策划	图书质量保证	销售盈利
编辑人员		进度控制（进度安排、签订合同）稿件规范核查	控制编辑过程成本、提出营销推广建议
策划人员	市场调研、产品开发创意、产品成本估算、产品包装	甄选作者、样稿内容检查、产品形式检查	节约成本的意见、定价、产品宣传方案
市场营销人员	读者意见反馈、市场信息跟踪	产品包装	宣传策划、材料制作、客户服务

3.与团队成员签订个人绩效合同

个人绩效合同是指团队成员和其团队经理签订的书面协议，约定团队成员在某个时间段内必须取得的业绩。合同中所约定的业绩，通常是根据角色–业绩矩阵确定的。

团队成员个人绩效合同的制订应当按以下步骤进行。

第一步，运用角色–业绩矩阵进行分析，以确定哪些是该成员必须完成的最重要的业绩。

第二步，制订具体的计划，说明在什么时间内，如何完成各项任务。

第三步，制作时间和成本计划表，以衡量在一个确定的时间段内该成员取得的业绩及其产生的经济效益。

第四步，将该成员自我发展规划列入个人绩效合同中。

第五步，定期进行检查，以确保该成员能够达成预期目标。

个人绩效合同的范本如下表所示。

个人绩效合同范本

受约人姓名： 职位： 职责描述：	发约人姓名： 职位：
主要绩效目标：	

续表

绩效考核维度：
权重：
会遇到的阻力：
考核指标：
行动计划：
本合约适用于至 签名：（员工）　　　　　　签名：（主管） 合同签署日期：

总之，团队是由每个成员组成的，只有团队成员的个人绩效目标实现了，团队整体绩效目标才能实现。

关键点提示

确定团队成员个人绩效的考核维度要做到以下几点：

1.制作角色–业绩矩阵；2.与团队成员签订个人绩效合同。

7.4 如何分配各项考核维度的权重

工作场景描述

当管理者想明确各项业绩的重要程度而进行权重分配时，可查看。

解读与分析

权重指某一因素或指标相对于某一事物的重要程度。在绩效考核中权重用来表示某项绩效考核指标在整体考核中的重要程度。权重分配是指针对被考核对象的各项业绩在总体业绩中的重要程度对其进行定量分配，对各考核因素在总体考核中的作用进行区别对待。

1.权重分配的意义

有了分配合理的权重，团队将受益匪浅。

（1）有助于团队明确各项业绩的相对重要程度，这样能突出重点目标。

（2）能帮助团队成员更好地分配和管理时间。权重不应仅仅反映团队成员花费在工作上的时间的多少，还应反映各项业绩的重要性。

（3）有助于团队成员把团队和个人的工作重点进行排序。

那么，缺乏权重分配会产生什么样的后果呢？

（1）会令团队成员感到困惑，不知道什么才是最重要的结果以及应重点关注哪些业绩成果。

（2）团队成员会认为现有的绩效评价体系缺乏公平性。

（3）跨职能团队的领导会发现自己不受团队成员的重视，因为通常这些团队成员的报酬都是由其直接的上级管理者确定的。

2.确定权重的方法

可以采用数据分析法、历史资料法、专家定权法等来确定权重。

数据分析法，是指从实际数据出发来确定权重，有平均赋值法、主成分分析法、因子分析法等。

历史资料法，是指根据历史资料的记载，按每种目标调查结果的重要程度赋以相应的权重。

专家定权法，是指由相应的行业和领域内造诣较深的专家根据自己积累的经验来确定权重。

3.如何分配各项考核维度的权重

（1）在100%权重中，应决定将多少比例分配给团队业绩，将多少比例分配给团队成员个人业绩。

（2）将所有团队权重在团队业绩考核维度范围内进行分配，将所有个人权重在个人绩效考核维度范围内进行分配。

（3）应根据各项业绩对企业的重要性，而并非团队或成员个人为创造业绩所花费的时间来分配权重，通常以5%为权重的增量。

（4）权重完成分配后，应能反映出团队对各项考核维度相对重要性的看法。

4.权重分配的准则

权重分配准则如下表所示。

权重分配准则	理由
设定的维度每个最好不高于30%，不低于5%	过高的权重会导致团队成员“顾大头，丢小头”，对某些与工作质量密切相关的标准不重视
要给最重要的业绩赋予最高的权重——30%	避免考核风险
权重分配准则	理由
给最不重要的业绩赋予最低的权重——5%	权重设置得太低会使团队成员认为该项标准不重要，考核缺乏影响力
有相同重要性的业绩要赋予相同的权重	避免权重分配失衡
权重应当是5的倍数	可将计算的难度降低
所有的权重加起来要达到100%	便于计算和合理分配权重

合理的权重分配对提高团队和团队成员个人的工作士气至关重要，将有助于团队整体绩效目标的实现。

关键点提示

管理者在分配各项绩效考核维度的权重时，要注意把握以下几点：

1.权重分配的意义；2.确定权重的方法；3.如何分配各项考核维度的权重；4.权重分配的准则。

7.5 如何应对团队绩效考核中的难题

工作场景描述

当管理者想清除团队绩效考核中的障碍时，可查看。

解读与分析

绩效考核一直是企业人力资源管理面临的一大难题，而团队绩效考核又是难题中的难题。随着绩效考核在企业中的普遍应用，团队绩效考核也引起了企业的关注。与此同时，企业在实施团队绩效考核时会面临许多困惑和难题。作为企业管理者，如何应对和解决团队绩效考核过程中出现的困难呢？

1.团队绩效与企业整体绩效及整体战略的关系

某电器企业的领导制定了一个雄心勃勃的战略目标：将新产品的上市速度加快10%。但领导在如何考核团队工作绩效时，没有从总体考虑，反而要求各团队确定自己的测评标准。此后，领导发现产品上市的速度确实加快了，各部门、各团队之间的配合却出现了问题，企业整体运营效率受到了严重影响。

这种情况在一些企业中确实存在，虽然有的团队业绩不错，但各团队之间由于缺乏合作，相互推卸责任，反而给企业造成了损失，削弱了企业的整体效益。有的团队甚至还通过牺牲其他团队的利益来成就自己，造成企业内部不必要的恶性竞争。这样，团队要实现的绩效目标就已偏离了企业的整体目标。

企业在建立团队时，首先要处理好团队绩效与企业整体绩效以及整体战略之间的关系。但在实际操作中，许多企业并没有构建出一个以战略为导向的绩效管理系统来支持战略的落实，团队绩效经常是与企业的整体绩效和整体战略脱节的。虽然单个团队的绩效实现了最大化，企业的整体绩效却受到了影响。

企业中的每个团队必须和其他团队加强协调与合作，这样才能确保企业战略能够实现，同时实现企业效益的最大化。为了让团队中的每个成员了解自己的工作如何与企业的战略目标相结合，企业的高层管理者应和团队成员共同设定团队绩效考核的规则。

2.团队绩效考核与传统职能部门绩效考核的区别

从前，企业是以控制为导向组织生产经营，实行职能分工的等级化工资制度。现在，为适应市场的快速变化，企业决定转向建立以团队为基础的组织形式，但由于还是使用传统的考核方法，难以满足新团队绩效考核的要求，反而产生很多负面作用。

团队绩效的考核，不仅要反映出作为一个整体的团队为企业做出的贡献，同时还要反映出团队中的每个成员为企业做出的不同贡献。对团队绩效的考核反映的是团队的整体绩效，而对团队成员的个体绩效考核体现的则是团队内部的公平性。团队绩效考核的作用就是将团队中每个成员的贡献反映出来，帮助每个员工改进工作。

但在一些企业中，并没有一个专门的部门对绩效考核的过程负责，也没有好的考核办法用于团队绩效考核。

因此，团队绩效考核应注意以下方面。

（1）在考核团队绩效的同时要考核团队成员的个人绩效。

（2）既要注重对工作过程的考核，也要注重对工作结果的考核。

（3）既要对管理层进行考核，也要对业务伙伴进行考核。

3.团队绩效与个人绩效应该更注重哪个

某企业王经理发现，在进行团队绩效考核时，如何平衡团队绩效与员工个人绩效之间的关系是个难题。为了最大限度地发挥团队的集体优势，应重视团队整体绩效的考核。但王经理发现，只关注团队绩效，不考虑员工个人绩效的结果，会导致“大锅饭”现象的出现，团队成员的责任感会下降；过分强调团队成员的个人绩效，虽可以减少员工工作中的偷懒现象，但会使团队成员相互之间存有戒心，影响他们的亲密合作。

王经理的两难境地管理者在开展团队工作中经常会面临。企业的各项工作通常是以团队的形式开展的，如果在绩效管理各个环节的操作中只关心员工个人绩效，奖惩制度也只关注每个员工的个人成就，就会导致团队成员间的激烈竞争，甚至会出现有的员工不惜以牺牲团队的整体利益为代价来实现个人目标的现象。注重员工个人绩效的考核，虽然有助于减少工作中的偷工减料、搭便车等现象，但也忽略了一个重要事项，即一个优秀的团队应具备的最本质的特征——合作与协同。团队成果的取得在一定程度上依赖于每个团队成员的个人努力。

实践经验表明，只有当团队绩效和员工个人绩效同时作为绩效管理的重要因素时，团队的绩效才有可能提高。因此，要将团队绩效和员工个人绩效的考核有机衔接起来，使其并存于企业绩效管理过程中。

关于团队绩效考核和个人绩效考核的内容，如下表所示。

考核层面	考核内容
个体层面	某成员是否与其他团队成员合作
	团队成员间是否会相互交流看法
	团队成员是否参与团队决策过程
	某成员完成的书面报告的质量如何
	某成员完成个人业绩需要多少时间
	某成员向团队提供建议的准确性
	某成员完成工作的情况如何
团队层面	团队成员相互间是否合作
	团队全体成员在交流看法时是否会听取各方的意见
	整个团队在决策时意见是否一致
	客户对团队的工作业绩是否满意
	积压工作减少的比率
	团队整体工作过程的运转周期
	团队整体工作是否讲求效果

4.应当奖励团队还是奖励员工个人

某销售经理发现企业中普遍存在这样的情况：企业为了鼓励团队成员相互间进行合作，采取了对绩效良好的团队进行整体奖励的方法。有一个团队的整体绩效一贯很好，只是其中有个别员工绩效很差。但由于企业对团队进行了全体奖励，因此该员工在年终也获得一大笔奖金。还有的团队虽然整体绩效很差，但其中仍有业绩很突出的员工，只是因为团队的原因而得不到奖金。这种情况如何处理呢？是应奖励团队，还是只奖励员工个人呢？

应奖励团队还是奖励员工个人，对企业来说应是个性化的问题，不同的企业应根据自身具体情况的不同来确定。在实际操作中，可遵照以下原则。

（1）当以奖励团队为主时，如果员工个人超额完成了工作任务，还应给予额外的奖励。

（2）要让团队成员知道自己为企业做出的贡献有多大。

（3）对于同质性较高、团队凝聚力较强且工作成果难以划分的团队，宜采用奖励团队的方式；相反，则以奖励员工个人为主。

企业为什么有时要奖励团队，有时又必须奖励个人呢？具体原因见下表。

奖励员工个人的原因	奖励团队的原因
当每个员工对团队的贡献不同时，如果只奖励团队会忽视团队成员的个人努力	通过组建团队来完成某项工作，每个成员都为团队工作的完成做出了贡献，所以作为团队的一员，每个人都应该获得奖励
如果团队的个体差别较大，只奖励团队会使团队成员感到待遇的不公	
只对团队进行奖励，会使团队成员的个人责任感降低	可以增强团队的凝聚力和员工的集体主义精神
只奖励团队，会使员工觉得自己没有得到足够的重视，反正干好干坏都一样	可使员工更加关注团队的进步，更能主动去配合别人完成工作、对比自己与别人的努力程度
如果只奖励团队，表现较好的员工就会和别人对比，尽量使自己的努力程度不超过别人	团队的最终工作成果难以区分出每个成员的具体贡献，所以无法对个人进行奖励

5.应由谁负责对团队绩效进行考核

某企业新组建了产品推广团队，将小刘从设计部门抽调出来。但最近小刘经常觉得无所适从，因为他面临着双重领导：一个是现在的产品推广团队的经理，另一个是以往设计中心的老领导。当两个领导同时给他分配紧急的任务时，他就不得不加班加点。更让他感到为难的是，有时两个领导给他的指示大相径庭，他不知道该怎么办才好。

这种情况在一些企业中很常见。究竟应该向谁汇报工作，是团队领导还是职能部门领导？多头领导的问题如何解决？在进行团队绩效考核时究竟谁占的权重应更高些？

现在许多企业管理者同时通过职能部门和团队来管理员工。这种组织形式虽然比较灵活，能较为迅速地对市场需求的变化做出反应，但同时也增加了员工工作的复杂性。团队成员要接受双重领导，要处理复杂的人际关系，要不断地处理因协调不好人际关系而产生的问题。尤其是当职能部门经理和团队经理给员工的指示不同时，员工会左右为难，对自己的处境无所适从。

对团队绩效进行考核的人员可以是团队领导、团队的直接上级领导，也可以是团队以外的管理者。无论由谁来负责团队的绩效考核都各有利弊，应当根据企业和团队的具体情况而定。

通常，对团队进行绩效考核的人就是团队绩效的负责人。在考核时，负责人可以从团队成员、客户、团队领导以及团队外部的管理者那里收集所需的信息，以便能对团队绩效作出客观、公正的评价。

同时，在团队中应注意统一领导的问题，即一个员工不应受一个以上的人的领导，否则会造成团队管理中的混乱。

考核人员	优势	劣势
团队领导	①可以了解每个员工的工作表现和实际工作成果 ②可以更好地对每个员工的具体工作进行指导	①由于团队领导本身是属于团队的，因此在进行考核时，可能会更加突出团队的成绩 ②团队领导可能会为了获得良好的工作关系而对团队工作成果作出偏离实际的评价
团队的直接上级领导	因为工作上的需要，上级领导对团队的工作情况一直都很了解，所以可以在了解企业整体情况的基础上，相对客观地评价团队的工作成果	团队的直接上级领导不可能像团队领导那样对团队每个成员的工作表现都了如指掌，所以在进行个人绩效考核时，可能会因主观原因而使考核结果产生偏差
团队外部的管理者	相对于团队的直级上级领导，团队外部的管理者更能掌握企业的整体情况，更能对团队的工作成果作出客观的评价	对团队每个成员的具体工作表现几乎一无所知，很难对团队成员个人进行绩效考核

上述问题是管理者在实际工作中比较常见，却又难以处理的。管理者只有正确地认识这些问题，结合企业自身的特点和现实发展状况，采用适当的方法和手段，才能使员工个人绩效、团队绩效乃至企业的整体绩效大有改进。

关键点提示

管理者应对和处理团队绩效考核中的难题时，需要掌握以下要点：

1.团队绩效与企业整体绩效及整体战略的关系；2.团队绩效考核与传统职能部门绩效考核的区别；3.应更注重团队绩效还是员工个人绩效；4.应奖励团队还是奖励员工个人；5.应由谁负责对团队绩效进行考核。

7.6 如何对不同类型团队进行绩效考核

工作场景描述

当管理者想寻找合适的方法以对不同类型团队进行绩效考核时，可查看。

解读与分析

某企业有项目团队、固定工作团队和网络化团队等多种形式的团队。企业的管理者在进行绩效考核时发现，由于各团队的工作方式大不相同，采用相同的考核方式显然不太适合。

任何成功的团队都需要建立明确的、以结果为导向的绩效目标。但如何对不同类型的团队进行绩效考核，让许多管理者大伤脑筋。

1.团队的类型

目前团队的分类有许多种，这里根据苏珊娜·斯科特和沃尔特·爱因斯坦关于团队分类的标准将团队分为三种：项目团队、工作团队（包括管理团队、生产团队、服务团队、研发团队等）以及虚拟网络团队。苏珊娜·斯科特和沃尔特·爱因斯坦将“成员的构成状况及任务的复杂程度”两个维度作为团队的划分标准，并从这两个维度对三种常见的团队进行了分析。

第一个维度是成员的构成状况，可以从静态和动态两个角度来衡量团队成员的变动情况。静态团队通常是指那些全职的团队成员，在团队存在的时间段里，所有成员均保持不变，并全程参与团队存在时间段里的一切事务。动态团队的成员则经常依据工作任务的变动而变动，这些成员一般还同时参加其他团队的活动。

第二个维度是任务的复杂程度。可从常规任务和非常规任务两方面来衡量团队任务的复杂程度。常规任务就是那些不需要进行太大创新就能完成的任务。完成这些任务的时间周期一般都可以提前确定，而且一般都相对较短。一旦任务完成，其结果就可以比较容易地估算出来。而非常规任务通常都是比较偶然的，完成的方法和完成的结果一般是不能提前预料的，且完成任务的周期也比常规任务的完成周期要长。

2.究竟要考核什么

绩效考核基本上经历了基于结果、基于行为以及基于能力的考核方式的发展过程。在企业所下达的目标非常清晰的情况下，基于结果的绩效考核是最有效的。基于行为的绩效考核是最为普遍的一种，主要是通过观察个体在完成某项工作过程中的相关角色行为来完成。基于能力的绩效考核，就是评价个体完成某项工作所具备的知识的丰富程度和能力的强弱。

通常使用的绩效考核方式都是要产生考核结果的。但不论采用哪种考核方式都应强调特定工作的具体要求。随着团队工作的发展和员工参与企业决策的频率提高，员工在工作中的角色正在拓展。任务绩效、周边绩效以及团队绩效是目前经常提到的考核项目。

员工的任务绩效体现的是对企业所做的贡献，周边绩效体现的是某员工对其他员工所做的贡献，团队绩效体现的是团队对企业所做的贡献。一般的绩效考核仅仅考核员工的任务绩效，却较少关注周边绩效和团队绩效。如果想使整个绩效考核符合企业战略导向，就应对任务绩效、周边绩效、团队绩效三种绩效同时进行考核，并且要注意使考核结果、员工行为和能力都与企业战略目标及发展方向一致。

3.不同类型团队的绩效考核手段

有调查表明，财富排名前1000位的企业，都在使用不同类型的团队，比率从47%到100%。在这些企业中，大部分使用的是项目团队，通常是将跨职能的团队结合在一起来共同完成一个项目，时间持续几个月甚至几年，项目完成后，团队也就解散了。有将近47%的企业还在使用固定的工作团队来完成企业的各项工作。

这些团队并不游离于企业之外，他们是企业的组成部分。对不同类型团队的绩效进行考核，通常既要考虑对团队层面的绩效进行考核，也要考虑对个体层面的绩效进行考核；既要考虑对工作过程的考核，也要考虑对工作结果的考核；既要有管理层的考核，也应有相关业务伙伴的考核。

不同类型团队绩效考核表

团队类型	考核谁	谁来考核	评价什么			
			成果	行为	能力	提高
工作和服务团队	团队成员	管理者				
		其他成员				
		客户				
		自己				
	整个团队	管理者				
		其他团队				
		客户				
		自己				
项目团队	团队成员	管理者				
		项目领导				
		其他成员				
		客户				
		自己				
	整个团队	客户				
		自己				
网络化团队	团队成员	管理者				
		领导者				
		同事				
		其他成员				
		客户				
		自己				
	整个团队	客户				

通过上表可以看出，由于有多种团队类型，而每种团队类型的特征也不尽相同，这些因素将直接影响团队工作的开展，因此对团队绩效的考核也是一个棘手的问题。所以，我们在设计一个团队绩效考核体系时，应在充分考虑团队特征的基础上进行。

对不同类型团队进行绩效考核时要有不同的重点，要采用不同的考核方法。

例如，考核固定工作团队的绩效，不仅要考核团队最终的绩效成果，也要注重对团队工作过程的考核。

对于临时组建以解决某个难题的团队，在进行绩效考核时，应考核问题解决方案的有效性。

在对不同类型团队进行绩效考核时，考核者和考核维度都应有所不同。即使是对员工个人的业绩成果、工作行为、素质能力及业绩改进进行考核，也应根据不同类型团队的特点而有所侧重。

关键点提示

对不同类型的团队进行绩效考核时要注意以下几点：

1.团队的类型；2.究竟要考核什么；3.不同类型团队的绩效考核手段。

第8章

绩效考核结果应用常见问题

绩效考核结果应用，是把绩效考核的最终结果应用到其他管理方式中的过程。根据“目标—承诺—结果—应用”的原则，绩效考核结果得出之后，根据绩效管理制度和人力资源政策，企业可以对绩效考核结果进行相应的应用。可以说，绩效考核结果的正确应用，是保障绩效管理闭环的关键。

8.1　如何合理地应用绩效考核结果

工作场景描述

当管理者想将得出的绩效考核结果进行合理应用时，可查看。

解读与分析

多年以来，实施绩效考核的管理者发现：绩效考核是否成功实施，关键的一点在于能否应用绩效考核的结果。很多绩效考核未能取得成功，主要原因就是没有将绩效考核结果很好地加以应用。

传统上，人们进行绩效考核的主要目的是帮助企业作出一些薪酬方面的决策。但现在看来，这种做法显然是很片面的。一个企业更需要通过绩效考核留住那些绩效好的员工，并促使他们不断做出更好的业绩。归纳起来，绩效考核的结果可以有以下几种用途。

1.用于薪酬调整

这是绩效考核结果的一种非常普遍的用途。一般来说，为了增强薪酬的激励作用，在员工的薪酬体系中，有一部分薪酬是与绩效挂钩的。员工从事的工作性质不同，与绩效挂钩的薪酬在其薪酬总额中所占的比例不同。绩效考核结果应用于薪酬的调整主要体现在对员工长期的激励上，主要表现在两个方面：一是将考核用于年度薪酬的调整，即对绩效考核结果优秀的员工，上调其下一年度的薪酬；二是薪酬的定期调整，即以年度的绩效考核结果为依据来决定员工的薪酬是否调级，以及调级的幅度。

2.用于奖金分配

将绩效考核结果应用于奖金分配，体现了企业对员工的短期激励政策。绩效考核结果为员工年终奖金的确定提供了很好的依据。不过，奖金的发放形式和水平，不同类型的企业应有所不同。

3.用于职位调换

绩效考核结果也可以为员工职位的变动提供一定的依据。通过分析累积的绩效考核结果的记录，可以发现员工工作表现与其职位的不适应性问题，查找原因并及时对员工职位进行调换。能力较高的员工，由于个人爱好或其他原因而不能适应现有的职位，能力没有得到充分发挥；能力较低的员工，不能适应现有的职位，但可以胜任较低序列的职位。对这两类员工，企业可以参照员工个人的选择，有组织、有计划地将其调换到新的职位上，真正做到人适其事，事得其人。职位调换还包括企业有计划地将一批优秀人才在各种职位之间进行轮换、交流，以培养员工全面的才干。

4.用于晋升选拔

连续的绩效考核结果记录为企业进行员工的职务晋升和干部选拔提供了依据。通过对员工在一定时期内的连续绩效考核结果记录的分析，选出连续绩效考核结果比较好的和比较稳定的员工，将其纳入晋升或提拔名单。

5.用于培训教育

通过分析累积的员工绩效考核结果的记录，发现员工群体或个体的工作表现与企业要求之间的差距，从而及时组织相关的培训教育活动。对于工作态度落后的员工，需动员他们参加企业的培训；对于能力不足的员工，可通过组织有针对性的培训活动，开发其潜力，提高其工作能力；同时还可以组织各种情景模拟形式的管理者培训，不断地提升干部的管理能力。

6.用于衡量员工选拔和培训工作的有效性

绩效考核结果可以用来衡量员工选拔和培训工作的有效性。如果选拔出来的优秀人才实际的绩效考核结果确实很好，那就说明选拔是有效的；反之，就说明要么是选拔工作不够有效，要么是绩效考核结果有问题。员工接受培训之后的个人表现如何，可以通过培训之后一段时期内员工的工作绩效反映出来。如果员工的工作绩效提高了或者显著提高，就说明培训的确有效；如果其工作绩效没什么变化，就说明培训没取得预期效果。

7.促进企业和部门的人力资源开发

如何有效地开发现有的人力资源，最大限度地发挥人力资源的整体功效，是企业人力资源管理部门的中心任务。绩效考核作为人力资源管理的基础性工作，提供了全体员工的动态、连续和完整的考核结果记录。通过分析考核结果记录，可以发现员工在工作中存在的问题，为人力资源部门调配人力，科学合理地规划、开发人力资源提供依据。

8.用于激活“沉淀层”员工

绩效考核结果不佳的员工，会逐渐变成“沉淀层”，如不能激活，他们将被淘汰出局。所以对这部分员工，企业要先对他们施加竞争压力，促其警醒。再给其机会，准其参加态度或能力方面的专项培训。对于培训合格者，可以在企业内部将其调配到合适的工作职位上，但必须经过严格的考核。对于通过培训、调换职位后仍不能胜任工作的员工，只能予以辞退。绩效考核结果不佳的极少数员工，只有依靠自身能力的提高，不断地改进工作，才有可能在竞争中反败为胜。

9.用于个人职业生涯发展计划

员工在实现企业目标的同时，也在实现着个人的职业目标。将绩效考核结果反馈给员工个人，同时由考核者指出其工作的优点、缺点，员工在改进工作时便有了依据和目标。在企业目标的指引下，员工开发自身潜能，不断提高工作能力，不断改进和优化工作，这同时也有助于员工实现个人的职业目标，有助于员工个人职业生涯的发展。现代人力资源管理非常注重员工个人职业生涯的设计，试图将其纳入企业目标体系，使两者达成方向上的一致。绩效考核作为一种导向，明确了企业的价值取向。绩效考核结果的运用，一方面强化了员工对企业价值取向的认同，使员工个人职业生涯获得有序发展；另一方面，通过价值分配激励功能的实现，可使员工个人的职业生涯发展得更快。员工个人职业生涯的发展反过来又会促进企业的发展。

总之，绩效考核能否取得成功，绩效考核结果是否得到了正确应用是关键。

关键点提示

绩效考核结果用途如下：

1.用于薪酬调整；2.用于奖金分配；3.用于职位调换；4.用于晋升选拔；5.用于培训教育；6.用于衡量员工选拔和培训工作的有效性；7.促进企业和部门的人力资源开发；8.用于激活“沉淀层”员工；9.用于个人职业生涯发展计划。

8.2 如何处理员工的绩效问题

工作场景描述

当管理者想减少由员工绩效带来的问题时，可查看。

解读与分析

如何妥善处理绩效管理中员工出现的问题，是管理者不能忽视的一个问题。

1.处理员工绩效问题的困惑

对于管理者来说，处理员工的绩效问题往往是一件棘手的事情，因为这意味着管理者必须去扮“黑脸”，正确面对和处理员工的绩效问题。下面举例说明。

小汤是某企业客户部的主管。早上一上班，副总裁就把他叫到办公室，跟他讨论他手下的客户经理肖天在工作方面的问题。在上次的绩效考核中，肖天的绩效远远低于平均考核水平。副总裁说：“小汤，你尽快做肖天的工作，给他一个月的时间，如果他工作还是没改进，就劝他走人。”一整天，小汤都在想与副总裁谈话的事情。他想：我的确应采取一些措施。一直以来我都对肖天的工作问题保持沉默，其实我很希望肖天的绩效能有所改进。但肖天最近情绪不太好，而且最近两周他的业绩仍没什么起色。他可能对自己前途的问题很敏感，我该怎么做?

如果你遇到这样的情况，是否也会觉得很困惑?管理者难免会遇到要处理员工绩效问题的情况，这也是管理者职责范围之内的事情。问题在于：到底该用什么方式来处理员工的绩效问题?

2.处理员工绩效问题时应遵循的原则

（1）管理者应及时主动地与绩效存在问题的员工进行沟通，沟通得越及时，就越有利于问题的解决。

（2）管理者要设法让员工明确地认识到自己的绩效存在问题，并让员工有勇气承担起解决绩效问题的责任。

（3）管理者要帮助员工充分认识到自己的绩效与企业期望的绩效标准之间存在的差距，指导其寻找提高绩效的方法。

（4）管理者应首先以一个帮助者的身份来帮助员工解决绩效问题，要尽量使用教育、培训等积极的方式帮助员工提高工作能力，改进绩效。如果以上方式均不能有效地解决员工绩效问题，管理者也应向员工指明，如不能改进绩效，可能要受到处罚，并指出要按照约定实施处罚措施。

（5）要尽量使员工承受较小的压力。因为员工为自己的绩效问题已经有很大压力，此时如果管理者再给他施加更大的压力，可能会使员工丧失信心或产生逆反心理。

3.处理员工绩效问题的步骤

管理者在处理员工的绩效问题时，可以采取以下步骤。

第一步：沟通和识别问题。

在这个阶段，管理者应先与绩效存在问题的员工进行沟通，同员工一起寻找员工的实际绩效与企业期望的绩效水平之间的差距到底有多少。然后分析造成差距的原因是什么。要从这些原因中找出与员工本人有关的可以通过具体措施纠正的问题。如果问题不是员工本人造成的，而是一些客观因素造成的，那么管理者就应该设法去改变、消除客观环境的因素，而不是去改变员工的工作方式。如果确实是员工的能力有问题，就应该采取培训或其他方式帮助员工提高能力。

第二步：采取帮助措施。

在通过沟通确认了员工的绩效问题以及造成绩效问题的原因之后，管理者应先以帮助者的身份，和员工一起研究制定绩效改进的措施。管理者要根据员工的绩效问题，帮助员工制定新的绩效目标。要制定需经过努力才能完成的目标，同时在完成目标的过程中要进行一些例行的检查，以便及时给员工一些反馈。

第三步：采取处罚措施。

对于绩效有问题的员工，如果采取帮助措施仍不能奏效，管理者应果断地采取一些处罚措施。但应注意以下几个问题。

（1）采取处罚措施之前要与员工进行沟通，让员工了解为什么要实施这些处罚措施，要采取的处罚措施是什么，以及在什么情况下自己会被处罚。

（2）采取的处罚措施要合情合理，而且要由轻至重，循序渐进，不要太过于严苛。

（3）要关注处罚后的结果。在采取处罚措施之后，要关注受处罚的员工的工作表现。如果员工的工作态度有所端正，绩效有所提高，则应对员工提出鼓励。如果员工受处罚后依然故我，工作毫无起色，则应考虑将其调换岗位或者直接辞退。

当员工的绩效出现问题时，管理者绝对不能忽视，一定要采取相应的措施妥善处理，以推动绩效管理工作的顺利开展。

关键点提示

管理者在处理员工的绩效问题时，需要了解以下几点：

1.处理员工绩效问题的困惑；2.处理员工绩效问题时应遵循的原则；3.处理员工绩效问题的步骤。

8.3 如何进行绩效付薪

工作场景描述

当管理者想根据员工的绩效向员工支付一定的薪酬以激励员工努力工作时，可查看。

解读与分析

薪酬管理同绩效管理一样，也是绝大多数企业管理者感到烦恼的一件事情。针对国内外许多知名企业的调查显示，50%甚至更高比例的员工对自己的收入不满。他们认为自己的收入与付出是不相称的，自己没有得到公正的提薪，绩效的改善并不会给自己带来更高的收入。

造成这样结果的原因是多方面的，例如，管理者没做好绩效管理，企业没建立明确的付薪制度，付薪制度没得到真正合理的落实。

为了更好地了解绩效付薪，让绩效付薪发挥其应有的作用，管理者应先了解付薪的方式。

1.四大付薪方式

目前，大多数企业或单位所采取的付薪方式基本为以下四种。

（1）基于市场的付薪方式。这是一种遵循商品经济的价值规律，按照劳动力市场的供求关系，反映劳动力价值的付薪方式。它的基本假设是，劳动力市场是一种自由竞争的市场，劳动力的价值可以通过市场竞争完全体现出来。同时还不能忽视内部人力资源市场对薪酬的影响。

（2）基于岗位责任的付薪方式。这种方式是根据岗位所要求的工作责任、工作量、工作环境等因素来确定员工薪酬。员工薪酬与岗位要求挂钩，不需要考虑岗位之外员工绩效、员工能力等方面的因素。

（3）基于能力的付薪方式。这里所说的能力包含两层含义：一是能看得见的员工行为方式或员工用言语形式表现出来的能力，如表达能力等；二是员工的潜在素质，这种素质是隐性的，却也往往起着重要的作用，如员工的逻辑思维能力。工作能力是员工在完成工作目标过程中体现出来的，同时对工作目标的达成起重要作用。

（4）基于绩效的付薪方式。为了高效地完成企业的战略目标，就要尽可能地提高企业绩效和员工绩效。企业对员工支付薪酬的目的主要在于激励员工努力提高工作绩效。因为，让管理者一直监督员工努力工作不现实，况且监督要付出相当高的成本。要使员工积极主动地在工作中付出努力，就要提高对员工的激励水平。高的薪酬水平带来高的激励水平。所以，高投入的工作，也应有相应的高报酬。

2.绩效付薪的用途

绩效付薪有很多用途，主要包括以下几方面。

（1）绩效工资。以绩效为导向的付薪制度，强调员工的工资水平取决于员工个人、团队及企业的绩效，以绩效结果和员工对企业的贡献度作为员工工资水平的评定标准。

以绩效为导向的付薪制度，是将绩效结果和工资评定有机地结合在一起。这样做的好处如下。

①有利于促进企业战略目标的传递和分解。

②强化员工的贡献，鼓励员工改进绩效。

③使工资的分配更合理、更公平。

④让工资的分配具有更大的弹性，增强激励的效果。

调查表明，员工和管理者都认为工资应该和绩效挂钩。如果绩效不与工资挂钩，则绩效高的员工离职率就高；反之，则低绩效的员工离职率就高。

（2）奖金分配。奖金的发放一定要基于绩效考核结果。对于绩效考核要素的选取以及要素权重的确定往往反映了企业的价值导向。

绩效目标奖金法指的是根据部门或员工的绩效目标完成情况进行奖金的分配。在小企业内，可以根据企业的经营绩效和员工的个人绩效来确定员工奖金。大中型企业一般采取奖金包分配的方式。

员工个人奖金的分配额度取决于其个人绩效结果和部门奖金的多少，而部门奖金的多少又与企业奖金总额及企业效益密切相关。这样不仅促使员工关注个人绩效，更促进员工关注团队、部门及企业的绩效。

（3）股权激励。有些企业对高层骨干人员采取股权激励的方式。这样有利于形成企业的骨干核心层，使企业的控制权逐渐掌握在一批既有才干，又能长期为企业做贡献的骨干手中，有利于企业长远、健康地发展。至于员工，是否需要实施股权激励，则主要根据员工的潜能及其未来对企业的贡献的大小来确定，而员工当前的绩效是判断其未来对企业的贡献的重要依据。

总而言之，绩效付薪作为一种重要的付薪方式，仍在发挥其应有的作用。尽管也存在能力付薪、岗位付薪、市场付薪等多种付薪方式，但绩效付薪仍是不容忽视的。只要企业生存和发展的目标没有变，追求利润的宗旨没有变，就不能放弃绩效付薪。随着知识型员工的出现，绩效被赋予新的含义，绩效付薪方式也有了更广泛的用途。

关键点提示

管理者在向员工进行绩效付薪时，需要明确以下两点：

1.四大付薪方式；2.绩效付薪的用途。

8.4　如何依据绩效考核结果进行员工晋升

工作场景描述

当管理者要依据绩效考核结果对不同职位的员工实施晋升时，可查看。

解读与分析

在绩效管理过程中，只有将绩效考核结果合理地应用于企业的日常经营活动，才不会使绩效管理流于形式。对绩效成绩较优秀的员工进行晋升，是绩效管理在企业实际经营中的应用。但是，如果对优秀员工的晋升处理不当，反而会使绩效管理陷入困境。通常来说，管理者可以遵照以下要点来进行员工晋升的工作。

1.员工晋升路径的设计

（1）对企业中的各种职位进行职务分析，找出它们之间的相似性和差异性。

（2）从管理特性和技术特性两个角度对各职位进行分类，并分别将其整合成管理、技术两类职务群。

（3）对两大职务群再做进一步的细分。

（4）以绩效考核成绩为依托，根据职务所要求的个人工作能力的高低，将每个职务群划分成若干个等级，勾画出每一个职务群的员工晋升路径，形成一个平行的晋升体系。这样不同的员工随着自己绩效水平的不断提升，能晋升到适合自身发展的职务群的更高等级。

2.晋升员工应遵循的原则

不同员工的绩效成绩不同，不同职位的晋升路径、工作责任、工作目的、技能要求等也都是不同的。因此，设计每个职位的员工晋升路径，应遵循以下几点原则。

（1）明确职位的工作职责、工作环境、工作性质、工作目的、工作程序以及职位对工作人员的专业知识、工作技能、工作经验等的要求。

（2）明确该职位工作人员可能晋升到的新职位的工作责任、工作目的、工作性质、工作环境，以及新职位对工作人员的专业知识、工作技能、工作经验等的要求。

（3）明确该职位员工晋升到新职位时是否需要培训。

（4）明确员工从一个职位晋升到另一个职位平均需要的时间。

3.晋升员工的步骤

一般来说，晋升员工可按以下步骤进行。

（1）各部门主管根据部门发展需要和职位空缺情况，结合员工绩效考核结果，向人力资源部门提出晋升申请，并推荐合适的晋升候选人。

（2）人力资源部门对各部门主管提出的晋升申请和职位空缺情况进行审核。

（3）人力资源部门制作职位空缺报告，在报告中说明企业内职位空缺名称、空缺原因和相关情况。

（4）依据以下标准进行晋升候选人的遴选。

①工作业绩：工作完成的数量、质量、效率。

②工作态度：工作的积极性、努力程度、敬业精神。

③工作能力：工作技能和创新能力、开拓能力、适应能力等相关能力。

④个人道德：忠诚性、原则性、廉洁性、合作精神等。

⑤从业资历：工作经历和年限。

以上标准在不同职位有不同的内涵，在采用时要因人而异、因岗而异。

4.晋升员工的遴选

企业在进行晋升员工的遴选时，可以采用以下几种方法。

（1）上级评定法。这里所说的上级是指部门主管，主管根据事先设计好的评定表对晋升对象进行评定。评定表中的考察要素视职位的具体情况而设立，主要内容应包括专业知识、管理能力和人际关系。

（2）两两比较法。将晋升候选人两人一组，从工作绩效、工作态度、工作能力、人品等方面一一进行比较，最终优秀者被确定为晋升人选。

（3）评价中心法。这是将各种测评方法结合在一起形成的一种新型的员工评价方法。这种方法的适用人群主要是管理人员，尤其是高层管理人员。它通过创立一种逼真的管理模拟系统，由晋升候选人完成系统环境下对应的各种工作。在这个过程中，观察和分析晋升候选人在模拟的各种情境下的行为、心理等表现，以考察晋升候选人的管理能力和潜能，求得对晋升候选人的全面了解，从而选出合适的晋升人员。

5.员工晋升工作评价

在晋升工作完成后，人力资源部门应对晋升工作的过程和结果进行回顾和评价。一方面，通过与晋升者、上级、同事和下属面谈，了解晋升者本人和其他人对晋升结果的看法；另一方面，对企业晋升工作进行评价。在进行评价时应考虑以下问题。

（1）此次晋升结果是否与员工绩效结果一致？

（2）员工晋升的职位是否与其职业发展相吻合？晋升路径的选择是否合理？

（3）在晋升工作中是否进行了职务分析？是否进行了岗位空缺状况分析？

（4）晋升工作是否引起人事纠纷？

（5）晋升结果是否与企业发展目标相匹配？

6.员工的职位平调

员工职位平调，是指对员工在企业内进行工作岗位的平级调动。传统企业中的岗位平调对象是绩效考核中成绩不佳的员工，通过将员工从原来的职位调离到适合员工能力和要求的新职位任职，达到提高员工绩效的目的。

随着社会和经济环境的变化，国内外企业纷纷开展了轰轰烈烈的变革，企业中的等级不断减少，较高层次的管理职位变少，员工在企业中的晋升路径逐步向水平化转移。现代企业中绩效优异的员工的晋升，不再仅仅表现在地位上的变化，更多的是工作中职位资格的积累。职位的平级调动不再是绩效不佳者的避风港，而是绩效优异者的成功必经路。

合理的员工晋升和职位轮换，不仅有助于拓宽员工的工作视野，增加员工的工作经验，还能减轻员工由于专业化程度过高而产生的工作枯燥感，防止员工工作效率的降低，有效避免人际不和，创建融洽的工作关系，促进企业整体绩效的提高。

关键点提示

管理者在对员工实施晋升时，要做好以下工作：

1.设计员工晋升的路径；2.遵循员工晋升的原则；3.遵照员工晋升的步骤；4.遴选晋升员工；5.评价员工的晋升工作；6.进行员工的职位平调。

8.5 如何结合绩效考核结果指导员工规划职业生涯

工作场景描述

当管理者和人力资源部门想指导、帮助员工规划职业生涯时，可查看。

解读与分析

当得出每个员工的绩效考核成绩后，管理者和人力资源部门就应以此为依据，指导和帮助员工对其未来一定阶段内的职业生涯做好规划。

1.员工职业生涯的四个阶段

人力资源专家通常将员工职业生涯划分成四个阶段，具体见下表。

阶段	员工个人的任务	企业的协助
第一阶段：探索工作方向	①综合测量自己特有的学历、背景、能力、兴趣、价值观以及一些工作经验，探索出一份有可能适合自己的工作 ②根据个人主客观因素及环境的变化，不断地修正此前作出的预测 ③在这一阶段的末期，个人应作出自认为最合适的选择，寻找第一份工作	进行入职前培训，使新员工对企业文化及企业概况等有一个较清晰的了解，以便能在最短的时间内适应新工作环境

续表

阶段	员工个人的任务	企业的协助
第二阶段：建立和发展个人职业生涯	①凭借自己逐渐积累的学习和工作经验，对当前的工作进行重新评估 ②认为工作合适：争取在工作岗位上有杰出的表现，并开始对职业生涯做详尽的规划 ③认为工作不合适：趁此阶段改变和调整职业生涯规划	对于满足现状的员工，给予持续的在职教育培训，使其不断提升知识和技能；对于表现优异的员工，按照完整的培训计划对其进行能力再提高培训，使其为将来可能要担当的要职做好准备
第三阶段：维持职业生涯	已处于企业中较重要的位置，且有在企业中安定下来长期工作的打算，因此会尽力维护来之不易的地位，以谋求更高的发展	①安排各种进修课程，对员工不断实施在职教育，使员工的专业知识、技能以及身心状态都处于最好的境界 ②员工在这一时期能否继续发展和成长，企业给予的协助是关键
第四阶段：解脱	①职业生涯几乎告一段落，准备从企业中退休 ②在企业中转为顾问等角色，退居二线 ③开始规划退休后的生活	帮助员工做好退休前的准备工作，使员工能以坦然的心态面对退休前后的改变。可助欲再创业的员工一臂之力

2.员工个人发展计划的内容

员工个人发展计划，是指结合员工岗位需要及个人发展意向，经过管理者和员工沟通后形成的促使员工自身素质、工作技能提高的发展计划。员工个人发展计划通常是在绩效管理过程中，经过管理者和员工双方讨论达成共识后制订的计划。员工个人发展计划可以看作员工个人绩效计划的有效补充，是绩效管理关注考核和发展这一核心思想的体现。

员工个人发展计划通常包括以下几个方面的内容。

（1）需要改进的方面。通常是指绩效诊断四要素，即知识、技能、态度和外部障碍。一般来说，应在员工个人发展计划中最迫切需要改进的方面做出努力，因为人的精力是有限的，不可能对自己所有不足的方面都进行改进和提高。

（2）改进和发展的原因。员工本人在某一方面的知识水平、工作能力不足，而现有工作又要求员工在这方面具备较高的知识水平、工作能力。

（3）目前的状况和期望达到的水平。个人发展计划应有明确的目标，因此在制订个人发展计划时，需要明确待提高的方面，以及目前自己的工作水平、企业期望达到的工作水平。

（4）发展自我的方式。可以采取培训、自我学习、别人帮助等方式改进、提高自己的各种能力。可以选择一种方式，也可以选择多种方式。

（5）设定完成目标的期限。预测在多长时间内能够将自己有待发展的方面提高到期望的水平，并设定完成这一目标的明确期限。

（6）确定责任部门和责任人。应当确定责任部门和责任人，以便更好地帮助员工设计和改进职业生涯规划，并跟踪其改进的效果。

确定了员工个人职业生涯规划的内容后，下一步就要考虑如何实施员工个人职业生涯规划了。

3.员工和人力资源部门要共同参与

（1）员工本身的参与。员工在规划自己的职业生涯时，理所当然地扮演着最重要的角色，因为没人能比自己更了解自己的需要。员工在进行职业生涯规划时，应将纳入考量的因素分为内在和外在两方面，并按以下步骤进行。

①内在个人因素。

a.个人的性格。

社会学家以职业导向为基础，把人们的性格大致分为以下六大类。

实际型：喜欢从事需要技能和体力的工作。

研究型：喜欢从事认知性的工作。

传统型：喜欢从事循规蹈矩的工作。

艺术型：喜欢从事创造性、表达感情方面的工作。

企业型：喜欢从事能影响、说服别人的管理工作。

社交型：喜欢从事人际社交方面的工作。

每个人都应准确了解自己的性格，然后结合自己的性格确定自己未来的工作方向。明确自己的性格是成功规划职业生涯的第一步。

b.个人价值观。

个人成长的环境和个人社会经验的积累影响着个人价值观的形成。例如，有些人觉得不求名利会枉过此生；而有些人认为自在悠闲地过一生才是幸福。这没有绝对的对错之分，全凭个人权衡取舍。

c.工作经验。

包括个人在大学期间参加各种社会活动和在企事业单位实习时积累的工作经验，以及个人走向社会后正式参加工作所积累的工作经验。

d.个人能力。

通常绩效考核的结果能在一定程度上客观、科学地反映出每个员工的综合能力。

②外在环境因素。

除了个人内在因素外，员工也应把外在的环境因素纳入职业生涯规划的考虑范围中。

a.产业整体趋势。

应充分考虑整个产业的大环境，如产业现状怎么样？未来的发展前景如何？

b.所处产业的形态。

若企业处于较成熟、饱和的行业，成长已趋于缓和，企业处于较稳定的状态，个人有较大发展空间的可能性就不大。反之，如果企业处于市场增长较快的行业，个人就会有相对较大的发展空间。

c.企业内的人力资源政策。

以员工为中心，处处关心员工的企业，会有较完善的人力资源政策。如任职于这样的企业，员工就会有较大的机会实现个人职业生涯的良好发展。

d.员工个人的工作特性。

不同的工作特性会让员工获得不同的工作经验和经历，而这些工作经验和经历同样会影响员工对自己职业生涯的规划。

③综合判断并拟订发展计划。员工综合评价内外因素后，应先为自己制订具有挑战性的短、中、长期发展目标。对发展目标的描述越具体，越能体现员工对自我发展的重视。发展目标订立以后，再以完成发展目标为标准，制订可行的个人发展计划。

④与管理者讨论。员工自行订立了个人发展目标和计划，并依此选择了适合的训练课程后，应与管理者进行讨论。双方经讨论，制订出明确可行的个人发展计划。但这一

切都依赖于员工自身对职业生涯规划的重视，否则管理者是不会愿意花心思的。

⑤评价、修正计划。在实际执行计划后，将实际结果与预期的效果进行对比，分析其中的差异及差异产生的原因。

（2）人力资源部门的配合。人力资源部门在企业内为员工建立一套职业生涯规划制度，使员工无论处于职业生涯的哪个阶段，都有不断向前的冲劲。

①分析产业环境，修订内部人力资源政策。

②进行工作分析。分析每个职位任职者应具备的能力、要处理的事务以及要承担的责任，并将分析结果公开，使每个员工都有同等的机会了解工作的相关信息，以利其规划自己在企业内未来的发展方向。

③推行内部招聘制度。将企业内空缺职位的相关信息公开，由员工自行选择未来的工作方向并做出规划，然后将此规划告知人力资源部，以求得人力资源部的配合。

但要注意的是，给予员工的选择自由权仍是有限制的。为了避免员工不安于现状，人力资源部应规定在某一职位上员工工作未满某个年限，不得申请参与内部招聘，借以防范企业始终处于变动的状态。

4.人力资源部的统筹管理

人力资源部要将员工对发展的需求做统筹安排，以制订一套能帮助员工增强工作能力、完成职业目标的教育训练计划。

（1）员工和企业达成共识。员工应认识到参与教育训练的重要性，并能积极自主地追求自我成长；企业应认识到职业生涯规划对员工的重要性——只有员工不断进步，企业才有长足发展的可能。所以，企业应给予员工充分的支持和协助。

（2）提供丰富的资源。协助员工的教育训练计划牵涉到人力资源工作的方方面面，需要非常丰富的资源。资源太少，会使教育训练活动的实际开展出现困难。

5.对员工实施教育训练计划

一套有效的教育训练计划，可以帮助员工不断地学到新知识、新观念和新技能，使员工不断成长，进而带动整个企业的发展。

教育训练计划应包括以下几点。

（1）鼓励员工自我进修，由企业提供补助。

（2）举办专题讲座，开设训练课程。对企业的职业进行分析后，汇总出各职位员工应具备的能力，以此为依据设计课程内容，或根据员工的要求安排课程内容。

（3）建立工作轮调制度。借助工作轮调制度，培养员工成为“全能型员工”。

（4）建立职务代理人制度。应规定每个员工的职务都可由另一人代理，每个人也是其他人的职务代理人。这样可以保障企业长期稳定、有效地运作。即使个别员工因特殊情况不能履行职务，企业也不会出现像一部机器少一颗螺钉就无法运转的情况。

代理人可由管理者指定、被代理人自行指定，或是员工主动提出代理的申请。

（5）直接主管指导。对员工来说，获益最大且最直接的学习应当是来自直接主管的指导。由于直接主管最接近员工，也最了解员工的实际工作状况，因此能对员工提出比较直接、及时、有建设性的建议，让员工能在实际工作中不断改进和提高绩效。

有人认为，职业生涯是一条边走边铺的路。但是个人若能事先设定好职业方向和职业计划，再辅以企业的协助，相信定会获得职业生涯的成功。

关键点提示

管理者和人力资源部门在指导员工制订和实施职业生涯规划时，要明确以下几点：

1.员工职业生涯的四个阶段；2.员工个人发展计划的内容；3.员工和人力资源部门要共同参与；4.人力资源部的统筹管理；5.对员工实施教育训练计划。

8.6　如何结合绩效考核结果激励员工

工作场景描述

当管理者想结合绩效考核结果更加有效地调动员工的积极性时，可查看。

解读与分析

管理中的激励就是要解决如何调动员工积极性的问题。激励是进行绩效管理的一个重要手段，它不仅能激发员工的创造性，更能促使员工主动提高自身素质和工作能力。对于绩效考核成绩不理想的员工，激励可使他们战胜困难，鼓起勇气，努力工作以改进绩效；对于绩效考核成绩优秀的员工，激励可使他们保持旺盛的工作斗志，不断提高工作绩效。

1.奖励激励

人的需求是多种多样的，不仅有物质方面的，还有精神方面的，所以奖励激励应包括物质激励和精神激励两方面。员工既需要从企业获得改善物质生活的报酬，也需要在企业中得到关怀、友爱和信任，有表现自我的机会。因此，充分发挥精神激励和物质激励的双重作用，能极大地调动员工的积极性，激发员工蕴藏的潜能。

在国外的一些企业中，对员工的激励大致有三种方式：奖金、晋升和赏识。奖金和晋升方式如今已经被我国许多企业采用，而赏识这种方式在我国企业中应用得相对较少，但它却是最值得管理者借鉴的。

赏识是将物质激励和精神激励融为一体，既使员工得到相应的报酬，又使其感受到来自企业的关怀和信任，得到精神上的享受，从而起到双重激励的作用。比如有一项工作急需某位员工去完成，管理者可以对他说："我把这项工作交给你，完成后给你发200元奖金。"员工完成工作后管理者兑现诺言。或者管理者也可以这样说："这项工作很重要，把它交给你是因为只有你才能把它完成。"以后再找机会发给员工200元奖金。这两种方法都能达到让员工完成工作的目的，但后者显然优于前者：前者是纯粹的物质激励，很容易形成多奖多干、少奖少干的局面，而后者在工作任务和物质激励的中间加上了精神激励——赏识，消除了纯粹物质激励的弊端，可以在某种程度上激发员工的荣誉感，使员工产生更大的动力。

2.员工持股激励

这种激励方式主要应用于股份制企业，让员工持有企业的部分股份，从而使员工作为企业的所有者来参与企业的经营、管理和利润分配。通常情况下，当人们为自己工作时，就会产生更强的工作动力。因此，企业产权内部化，让全体员工拥有企业产权会使企业的生产效率更高。调查表明，采用这种激励方式的98家美国企业比同行业其他企业的利润率高出20%。

3.语言激励

语言是人与人之间交流的主要工具，管理者在向下属传递信息时，也主要使用语言。语言激励使用范围广、效果快、不需成本、不受限制，随时随地都能进行。它包括对绩效考核成绩优秀的员工的赞美，也包括对绩效考核成绩不理想的员工的批评。

（1）赞美。许多人都渴望得到赞美，赞美能满足个人较高层次的需求，管理者对员工的赞美尤其如此。睁大眼睛，去寻找员工身上那些值得赞美的事情。即使是员工很微小的进步，也值得管理者去赞美。赞美员工，就是在给他们一份荣誉；对员工的微小进步加以赞美，他们会用更大的进步来回报赞美。不过，管理者必须明白，赞美必须是发自内心的，应让员工感到真实可信，否则会让员工觉得管理者是另有所图，从而产生反感。

（2）批评。没有人喜欢被批评，但如果批评得当，不仅不会使员工灰心，反而还会产生激励的效果。管理者要经常指出员工的问题所在。员工的坏习惯往往是在不知不觉中养成的，管理者必须提供反馈信息，指出员工的错误在哪里，并告诉他们应如何改进。可以利用“汉堡原理”，将批评夹在好评之中，这样员工比较容易接受。

4.情感激励

古人语“感人心者，莫先乎情”，人都是有感情的，也渴望得到感情的温暖。对企业员工来说，他们的所思、所想、所作所为无不体现着感情，因此，情感激励有时能取得比物质激励更好的效果。正是因为有刘备的“三顾茅庐天下计”，才有了诸葛亮的“两朝开济老臣心”。情感激励就是通过上下级之间的感情沟通来增强企业的凝聚力，激励员工更加努力地工作。现在社会大力倡导的人本管理、柔性化管理等，体现的正是情感激励的思想。

5.工作激励

人们通常能把自己感兴趣的事情做好。一个符合员工兴趣和能力，并具有挑战性的工作，本身就具有吸引力，员工不仅愿意做，而且会尽心尽力地做到最好。因为通过工作获得的成功，是一种为大家所接受的成功，它不仅证明了员工的能力，同时也增强了员工的自信，满足了员工自我实现的需要。工作激励是指通过分配恰当的工作，满足员工自我实现和尊重的需要，从而激发员工内在的工作热情的激励方法。这种激励的成本很低，作用却很持久，在国外的企业中备受重视。

6.目标激励

目标激励是指给员工设定一定的目标，以目标为诱因驱使员工去努力工作，最大限度地激发员工的积极性、主动性和创造性，高效地达成目标。任何企业的发展都需要有经营目标，任何人在需求的驱使下也会有个人目标。目标激励要求企业目标和员工目标相统一，将企业目标转化为个人目标，这样员工从满足个人需要出发，会自觉努力地工作，在实现个人目标的同时使企业目标得以实现。对大多数员工来说，目标代表他们从未达到的状态，实现目标意味着自身的升华，为此员工在追求目标实现的过程中会不断努力，发挥自己最大的潜能。

7.绩效信息激励

人们都希望知道自己的行为会产生怎样的结果，就像学生考完试后都希望知道自己的成绩一样。管理者应及时地将员工的绩效和企业的绩效反馈给员工，并告知员工他们的努力离达成最终目标尚存一些差距。这是对员工的尊重和信任，同样也能取得激励的效果。

在绩效管理中，管理者如能巧妙地运用各种激励手段，可使员工的积极性得到很大的提高，企业生产效率迅速提高，员工满意度加强。激励的作用可见一斑。

关键点提示

结合绩效考核结果激励员工的方法有以下几种：

1.奖励激励；2.员工持股激励；3.语言激励；4.情感激励；5.工作激励；6.目标激励；7.绩效信息激励。